WHY FOUR GOSPELS?

아더핑크의

사복음서

네 명의 복음전도자가 그리는
예수 그리스도의 참된 인격의 아름다움들

Why Four Gospels?
by Arthur W. Pink
Copyright © 2023 by Deuknam Yoon
All rights reserved

아더핑크의 사복음서

초판 발행 2023년 10 월 01 일

펴 낸 이 | 윤득남
디 자 인 | 디자인캐슬
펴 낸 곳 | 도디드
출판등록 | 2010년 07년 16일
전　　화 | 010-3036-6283
주　　소 | 충북 증평군 증평읍 초중6길 8, 103-804
문　　의 | gibor31@naver.com
Instagram | http://www.instagram.com/dodid_books
Youtube | www.youtube.com/@yoonsbibleinside
쇼 핑 몰 | dodidbook.imweb.me
© 도서출판 도디드 2023
ISBN 979-11-7100-0067 (03230)

가격: 12,000원

WHY FOUR GOSPELS?

아더핑크의

사 복음서

네 명의 복음전도자가 그리는
예수 그리스도의 참된 인격의 아름다움들

ARTHUR PINK

CONTENTS

머리말

제가 앤드류 쥬크(Andrew Jukes)가 복음서에 관해 쓴 책을 처음 읽은 지 이제 12년이 넘었습니다. 그 책에서 저자는 네 명의 복음 전도자가 주 예수 그리스도에 대하여 제시하는 다양한 인물의 특징들을 아주 능숙하게 설명했습니다. 그 이후로 필자는 점점 더 큰 기쁨을 안고 계속해서 각 복음서에 대한 고유한 다양한 특징을 찾아냈습니다. 영국과 이 나라에 있는 여러 사람들에게 복음서의 목적, 디자인과 범위에 관한 일련의 성경 읽기를 제공하는 것은 필자의 특권이었습니다. 그리고 많은 분들이 책으로 출판해 달라는 요청을 하셨습니다.

50년 전에 이미 앤드류 쥬크가 이 주제에 대하여 우리가 기대하는 것보다 훨씬 더 훌륭하게 성공적으로 다루었기 때문에 필자는 이 주제를 다시 다루는 것에 대하여 주저했습니다. 그 이후로 많은 다른 사람들이 동일한 주제로 많은 글을 썼지만, 명료성과 유용성은 그만큼 미치지 못했습니다. 정말로, 앤드류 쥬크는 매우 철저하게 그 주제를 다루었습니다. 적어도 대략적인 개요에서 말입니다. 사복음서에 대한 조감도를 제시하고자하는 후대의 작가라면, 처음에 그 길을 개척한 사람의 기초들을 많이 참조하는 것을 피할 수 없습니다. 그것을 많이 반복할 것이고 또한 좋은 결과를 얻을 것입니다. 필자가 전하고자하는 많은 사람들에게 앤드류 쥬크의 책이 알려지지 않았기 때문에, 필자는 이 연구가 기독교 세계에 더욱 알려지기를 바라며 이 글에서 제시합니다. 필자는 제 자신을 위해 위의 주제에 대해 부지런히 연구했습니다. 위에서 언급한 저술에서 처음으로 얻은 것과 철저히 동화하려고 노력했으며, 또한 필자 자신이 발견한 것들을 추가하였습니다.

많은 부분이 다른 사람의 수고로 모아진 이 작은 책을 출간하면서, 필자는 사도 바울이 믿음의 아들인 디모데에게 한 다음과 같은 말이 생각납니다.

또 네가 많은 증인 앞에서 내게 들은 바를 충성된 사람들에게 부탁하라 그들이 또 다른 사람들을 가르칠 수 있으리라(딤후 2:2)

그러나 너는 배우고 확신한 일에 거하라 너는 네가 누구에게서 배운 것을 알며(딤후 3:14)

필자는 사복음서에 각각의 신성한 완전성과 독특한 아름다움을 나타내는 많은 내용이 있음을 충분히 확신합니다. 그러한 내용들은 아직 성경을 연구하는 사람들에 의해서 그 무한한 깊은 내용이 충분히 드러나지 않았습니다. 여전히 부지런히 연구하고 탐구해야 하는 많은 영역이 남아 있습니다. 이에, 스스로 기도하는 마음으로 이 연구를 추구하는 사람들은 그들의 고통에 대해 풍성한 보상을 받게 될 것입니다.

하나님께서 많은 사람들에게 감동을 주셔서 그의 거룩한 말씀 가운데 이 사복음서 부분을 더욱 연구하게 하시기를 기도합니다. 사복음서는 예수께서 육신의 장막을 입으시고 사람 가운데 거하시는 동안의 그를 가장 훌륭하게 드러낸 부분입니다.

1921년 펜실베니아 스벵겔에서...
아더 핑크

들어가는 말

왜 사복음서인가?

이렇게 세월이 많이 지난 오늘날의 시대에 그런 질문을 한다는 것이 이상하게 보일 것입니다. 신약성경은 이제 거의 이천 년 동안 주님의 백성의 손에 들어온게 됩니다. 하지만 처음 네 권인 사복음서의 성격과 범위를 잘 이해하는 사람들은 비교적 적은 것 같습니다. 성경에서 가장 널리 연구된 부분이 사복음서입니다. 사복음서의 본문으로부터 수많은 설교가 만들어졌습니다. 주일학교에서 또한 매 2-3년마다 사복음서의 한 부분이 교과과정으로 지정됩니다. 하지만 사복음서의 내용에 대해서 익숙한 사람들도 마태, 마가, 누가, 요한복음의 기획의도, 설계 그리고 특징들에 대해서 잘 알고 있는 사람들은 드물다고 볼 수 있습니다.

이런 질문을 많은 사람들이 하지는 않는 것 같습니다. 우리에게 그리스도의 지상 사역을 다룬 네 개의 복음서가 있다는 것은 보편적으로 받아들여지는 것입니다.

하지만 우리가 왜 네 개의 복음서를 가지고 있는지 또는 사복음서가 무엇을 가르치기 위하여 이렇게 개별적으로 고안 되었는지 또는 그것들의 특징들은 무엇인지 또는 사복음서 각각의 아름다움이 무엇인지에 대해서는 잘 알아차리지도 못하고 또한 중요하게 생각하지도 못합니다. 사복음서가 많은 공통점을 가지고 있다는 것은 사실입니다. 각 복음서는 같은 역사적 시간을 다룹니다. 또한 예수님은 가르침과 이적들을 포함하고 그리스도의 죽음과 부활을 묘사합니다. 사복음서의 저자는 많은 공통점을 가지고 있지만 또한 각 복음서에는 독특한 특징들도 많이 있습니다. 각각의 차이를 알아차리게 되면 독자들은 또한 그것들의 진정한 의미와 영역들을 보게되고 이로말미암아 사복음서의 완벽성에 감사하게 됩니다. 건축학을 배운 학생은 이오니아 양식, 고딕 양식 그리고 고린도 양식의 미묘한 차이를 구별할 수 있습니다. 하지만 그것을 배우지 못한 사람은 그것을 구분하지 못합니다. 마찬가지로 음악적인 훈련을 받은 사람은 지휘가 만들어 내는 웅장함, 주제의 고상함, 화음의 아름다움, 파트의 다양성, 연주 등을 감상하기에 적합합니다. 하지만 모든 것이 미숙한 경우에는 그러한 것들을 알아차리지 못합니다. 마찬가지로 사복음서의 절묘한 완성도는 사복음서를 단순히 그리스도의 네 개의 전기로 보는 사람들에게는 알수가 없고 발견하지도 못합니다.

사복음서를 주의 깊게 읽어보면, 개별적으로 그리고 사복음서 전체적으로 어느것도 그것이 예수님의 이 세상에서의 사역에 대한 완전한 전기를 제공하는 것과는 거리가 멀다는 것이 분명하다는 것을 발견하게 됩니다. 예수님의 생애에 대해서 어느 사복음서 저자도 채우지 않는 큰 공백이 있습니다. 예수님의 유아기 기록 이후에 그가 12세가 될 때까지 아무것도 언급되어 있지 않습니다. 누가는 그리스도께서 소년이실 때 예루살렘 성전에서 있었던 일을 간략하게 기록합니다. 그 이후에는 그는 그의 부모를 따라서 나사렛으로 돌아가셔서 부모에게 순종했다고 기록되어 있습니다(눅 2장). 하지만 그 이후에는 그가 30살이 되실 때까지 아무런 기록도 없습니다.

사복음서에서 말하는 예수님의 공적인 사역에 관한 기록도 단편적이라는 것이 분명합니다. 사복음서 저자들은 예수님의 가르침 중 오직 일부만을 선택합니다. 또한 그의 이적 중에서 몇 가지만 자세히 설명합니다. 예수님의 놀라운 생애 전체 영역에 대해 요한은 다음과 같이 말함으로써 우리에게 약간의 생각을 줍니다.

예수께서 행하신 일이 이 외에도 많으니 만일 낱낱이 기록된다면 이 세상이라도 이 기록된 책을 두기에 부족할 줄 아노라(요 21:25)

복음서가 그리스도의 일생을 다룬 완전한 전기가 아니라면, 그렇다면 복음서는 무엇입니까?

첫째, 사복음서는 하나님의 완전한 영감을 받은 책이라는 것입니다. 성령의 감동을 받은 사람들에 의해서 기록이 되었습니다. 사복음서는 진리이고, 흠이 없고, 완벽합니다.

둘째, 사복음서는 아주 많은 책으로 구성되어 있습니다. 각각은 그 자체로 완전합니다. 각권은 독특한 디자인, 설계 즉 의도로 기록되었습니다. 그것은 각권의 페이지에 포함되어 있습니다. 거기에 남겨진 것들은 그러한 의도에 종속되어 있습니다. 선택의 원리를 따른 것입니다. 다시 말해서, 복음서에서 말하는 것은 그것의 독특한 주제와 핵심에 관련이 있고 적절합니다. 복음서의 주제와 관련이 없고 적절하지 않은 내용은 배제되었습니다. 성경의 모든 부분에서 동일한 선택의 계획이 눈에 들어옵니다.

창세기를 예로 들어보겠습니다. 인류 역사의 처음 이천년은 창세기 1-11장에 간략하게 요약되어 있고 그 이후의 300년은 창세기 12-50장에서 넓게 퍼져 있습니다. 그 이유가 무엇일까요? 대홍수 이전에 살았던 사람들에 대해서는 거의 언급되지 않는 반면, 아브라함과 이삭, 야곱과 요셉의 생애는 그토록 자세하게 묘사되어 있는 이유는 무엇입니까? 왜 성령께서는 창조에 관한 설명보다 애굽에서 요셉의 경험을 더 길게 묘사하셨을까요?

역사서를 또한 살펴보십시오. 성경은 아브라함의 후손들의 다양한 경험에 관하여 많은 것을 다루지만, 그들과 동시대에 있었던 강대한 나라들에 대해서는 거의 주의를 기울이지 않았습니다. 왜 이스라엘의 역사는 그렇게 장황하게 기술되어 있고 이집트, 히타이트, 바벨론, 페르시아, 그리스의 역사는 거의 완전히 무시되고 있습니까? 이 모든 질문에 대한 답은 성령께서는 그분의 목적을 이루는 것만 선택하셨다는 것입니다.

창세기의 목적은 구약성경에서 그토록 중요한 위치를 차지하고 있는 그 나라, 이스라엘의 기원을 우리에게 설명하는 것입니다. 그리하여 성령님은 아브라함이 태어나기 이전 시대를 그렇게 빨리 지나가시는 것입니다. 이후에 이스라엘 나라의 기원이 되는 믿음의 조상들의 삶에 대해서 자세히 설명합니다. 동일한 원칙이 구약의 다른 책들에 대해서도 적용됩니다. 성령님은 하나님이 어떻게 이스라엘을 다루시는 지에 대해서 중점을 두고 있기에, 고대의 다른 큰 나라들은 대체로 무시되고 이스라엘 열두지파 백성과 직접적으로 관련이 있을 때만 시야에 들어옵니다.

사복음서에서도 동일합니다. 각 복음서의 저자는 성령님에 의해서 그리스도의 특정한 인물과 성격을 묘사하기 위하여 인도함을 받습니다. 그 특정 성격과 맞지 않는 부분은 언급되지 않고 넘어갑니다. 이 책을 더 읽을수록 필자가 의미하는 바가 더욱 명확해 질 것입니다.

왜 사복음서인가?

왜냐하면 복되신 주님의 다양한 영광을 완전하게 나타내기에는 한두 가지로는 부족하기 때문입니다. 이삭, 요셉, 모세 또는 다윗과 같은 구약의 전형적인 인물들 중 어느 누구도 주님을 온전하게 철저히 예표하지 못한 것처럼, 사복음서 중 한 권의 책으로는 그리스도의 다양한 탁월함을 완전히 묘사할 수가 없습니다.

하나님께서 이스라엘을 위해 정하신 다섯 가지 큰 제물(레위기 1-6장 참조) 중 한 두 가지가 그 자체로 그리스도의 다양한 측면의 희생제사를 나타낼 수 없는 것처럼, 복음서의 한 두 가지, 그 자체로는 예수께서 이 땅에 계실 때 가지신 다양한 관계들을 충분히 나타낼 수가 없습니다.

한 마디로, 사복음서는 우리 앞에 그리스도를 네 가지 별개의 직분으로 제시합니다. 필자는 그것을 이렇게 설명할 수 있습니다.

제가 시청(Cityhall)이 있는 어떤 인상적인 도시를 방문하고 있다고 가정해 봅시다. 그리고 그곳을 집에 있는 식구들에게 최선을 다해 전달하고 싶다고 가정해 봅시다. 어떻게 하면 될까요? 저는 저의 카메라를 꺼내서 그 건물의 사면을 다 촬영할 것입니다. 이렇게 하면 집에 있는 가족들은 그 건물의 구조와 아름다움에 대해서 완전한 개념을 잡을 수 있을 것입니다. 이것이 바로 우리가 사복음서에 가지고 있는 내용입니다.

경건하게 말해서, 성령님은 예수님을 네 가지 다른 각도에서 사진을 촬영했다고 할 수 있습니다. 그리스도를 네 개의 다른 관계 속으로 바라보는 것입니다. 사복음서는 네 개의 다른 직분과 관련된 의무를 완벽하게 수행하시는 그리스도를 보여줍니다. 독자가 각각의 복음이 어떠한 각도에서 그리스도를 바라보는 지를 정확하게 알기 전까지는, 복음을 지식적으로 읽고, 그것들의 변형을 이해하고, 세부사항들을 알아차리고, 우리가 마땅히 알아야하는 것을 아는 것은 불가능합니다. 어떤 특정한 관계를 마태복음이나 마가복음을 중요하게 여기지 않는 반면에 누가복음이나 요한복음을 중요하게 여깁니다.

사복음서는 모두 주님의 인격과 사역을 우리에게 제시합니다. 하지만 각각의 복음서는 주님을 독특한 관계로 바라봅니다. 그리고 그것은 각각의 의도를 증명하는 데 기여할 뿐입니다. 사복음서 각각의 저자는 자신의 복음서 안에서 그리스도를 위한 자리를 발견했습니다. 그러한 즉각적인 목적과 엄격하게 관련되지 않은 다른 모든 것은 생략되었습니다. 이것을 좀 더 간단하게 설명하기 위해 다른 예를 들어보겠습니다.

네 명의 어떤 사람이 루스벨트 전 대통령에 대한 전기 또는 위인전을 쓴다고 가정해 보겠습니다. 그리고 그 네 명은 루스벨트 대통령의 각각 다른 특징들을 쓰려고 합니다. 첫 번째 사람은 루스벨트의 사생활 그리고 가정생활을 다룹니다. 두 번째 작가는 스포츠맨으로서 거물 사냥꾼으로 다룹니다. 세 번째는 그의 군사적 역량을 묘사합니다. 네번째는 루스벨트의 정치가로서의 그리고 그의 대통령 경력을 다룹니다. 이 네 명의 전기 작가가 한 사람의 삶을 기록하지만, 그럼에도 불구하고 그를 완전히 다른 네 가지 관계로 바라보고 있음을 우리는 즉시 알게 될 것입니다. 더욱이 이 네 명의 작가들은 자신들이 가지고 있는 목적에 따라 루스벨트에 대한 자료를 다룰 것이라는 것은 분명합니다. 각각의 작가는 자신의 특정 관점에 관련이 있는 것만 포함할 것입니다. 같은 이유로 관련이 없는 것들은 생략할 것입니다.

예를 들어, 루스벨트가 어렸을 때 체조와 운동에 뛰어났다는 사실을 알게 되면 그의 전기 작가 중 누가 이 사실을 언급할까요? 분명히, 루스벨트를 스포츠맨으로 묘사하는 두 번째 작가일 것입니다. 루즈벨트가 어렸을 때 자주 주먹질을 했다고 가정해 봅시다. 어느 전기 작가가 그 사실을 언급할 것 같습니까? 분명히 그의 군사적 이력을 기록하는 작가일 것입니다. 왜냐하면, 그것이 루스벨트의 전투적 특성을 설명하는 역할을 할 것이기 때문입니다. 또한 대학생 루스벨트가 토론에 소질이 있었다면, 어느 전기 작가가 그것을 언급했을까요? 넷째 작가일 것입니다. 그는 루스벨트의 정치적 그리고 대통령으로서의 삶을 다루기 때문입니다. 마지막으로, 루스벨트가 어렸을 때부터 어린이에 대한 현저한 애정을 나타냈다고 가정해 봅시다. 그의 전기 작가 중 누가 그것을 언급할까요? 첫번째 작가일 것입니다. 왜냐하면 그는 전직 대통령의 사생활과 가정생활을 다루고 있기 때문이다.

위의 예는 사복음서에 있는 내용을 설명해 줍니다. 마태복음에서 그리스도는 유대인의 왕 다윗의 자손으로 나타납니다. 마태복음 안에서 그리스도의 이야기의 모든 것은 이러한 진리를 중심으로 진행됩니다. 이것은 신약성경의 첫번째 복음인 마태복음이 왜 그리스도의 왕적 족보로 시작하는 지를 설명해 줍니다. 왜 마태복음 2장에서 동방에서 박사들이 와서 "유대인의 왕의 태어나신 이가 어디 있느뇨?"라고 물은 사건이 나오는 지를 말해 줍니다. 그리고 산상수훈이라고 알려진 마태복음 5장에서 7장은 실제로는 그의 나라의 법을 선포하는 왕의 선언문이라 할 수 있습니다.

마가복음에서 그리스도는 여호와의 종으로 묘사됩니다. 그는 원래 하나님과 동등한 분이셨지만, 자신을 아무것도 아닌 존재로 만들어 종의 형체를 입으셨습니다. 모든 것이 마가복음에서는 이러한 중심주제를 중심으로 움직이며, 이것과 관련이 없는 것은 엄격하게 배제됩니다. 이러한 이유로 마가복음에서는 예수님은 족보도 없으신 분입니다. 그의 초기 생애는 아무런 언급이 없고 처음부터 그의 공생애를 기록합니다. 또한 다른 복음서보다 더 이적들이 많이 기록되어 있고 자세히 기록되어 있습니다.

누가복음에서 그리스도는 인자 즉 사람의 아들로 묘사됩니다. 그리스도는 사람의 아들이시지만 또한 일반적인 사람의 아들들과는 대조를 이루십니다. 누가복음에서는 모든 것이 이것을 드러내기 위하여 이야기가 진행됩니다. 이에 누가복음에서는 예수님의 족보를 처음 사람인 아담까지 거슬러 올라가는 이유입니다. 마태복음에서는 단지 아브라함까지만 언급했는 데 말입니다. 누가복음에서 온전하신 사람으로 자주 기도하시는 그리스도의 모습을 볼 수 있습니다. 누가복음에서 천사들은 그분을 돕습니다. 반면에 마태복음에서는 그리스도가 천사들을 향해 명령을 내리시는 데 말입니다.

요한복음에서 그리스도는 하나님의 아들로 계시됩니다. 모든 것이 하나님과의 이러한 관계를 설명하고 드러내기 위하여 전개됩니다. 이에 요한복음이 시작하는 구절은 시간이 생기기도 전의 지점으로 우리를 이끌어

갑니다. 그리스도는 태초에 하나님과 함께 계셨습니다. 그리고 그리스도 스스로가 자신은 하나님이시라고 분명히 선언하십니다. 요한복음에는 예수님에 대한 많은 신적인 칭호들이 등장합니다. 성부 하나님의 독생자, 하나님의 어린양, 세상의 빛 등입니다. 우리가 왜 예수님의 이름으로 기도해야 하는 지 요한복음에 그 이유가 기록되어 있습니다. 요한복음에서는 또한 성령님이 성부 하나님에 의해서만 아니라 성자 하나님에 의해서 보내졌다고도 기록합니다.

복음서에 나타난 그리스도의 이 네 가지 표현이 구약의 선견자를 통해 구체적으로 나타나 있는 것은 놀라운 사실입니다. 구약의 많은 예언들 중에서 눈에 띄는 것은 "가지"라는 칭호로 오실 메시야에 대해 언급한 것입니다. 이러한 것들 중에서 필자는 사복음서 각각에서 주 예수를 바라보는 방식과 정확히 일치하는 네 가지를 선택하고자 합니다. 예레미야 23장 5절입니다:

> 여호와의 말씀이니라 보라 때가 이르리니 내가 다윗에게 한 의로운 가지를
> 일으킬 것이라 그가 왕이 되어 지혜롭게 다스리며 세상에서
> 정의와 공의를 행할 것이며(렘23:5)

위의 구절은 장갑이 손에 들어 맞는 것처럼, 첫번째 복음이 마태복음과 아주 일치하는 구절입니다. 스가랴 3장 8절입니다:

> 대제사장 여호수아야 너와 네 앞에 앉은 네 동료들은 내 말을 들을 것이니라
> 이들은 예표의 사람들이라 내가 내 종 싹을 나게 하리라(슥3:8)

위의 구절은 마가복음의 제목으로도 받아들여질 수 있는 단어들입니다. 스가랴 6장 12절입니다:

말하여 이르기를 만군의 여호와께서 이같이 말씀하시되 보라 싹이라 이름하는
사람이 자기 곳에서 돋아나서 여호와의 전을 건축하리라(슥6:12)

이것은 누가가 그리스도에 대해서 얼마나 정확하게 묘사하는 지를 보여
줍니다. 이사야 4장 2절입니다:

그 날에 여호와의 싹이 아름답고 영화로울 것이요 그 땅의 소산은 이스라엘의
피난한 자를 위하여 영화롭고 아름다울 것이며(사 4:2)

이와 같이 "가지"라는 상징으로 오실 분에 말한 앞의 메시야적 예언은 예
수님을 하나님의 아들로 묘사하는 요한복음과 정확히 일치합니다. 구약
의 예언은 그리스도께서 이 땅에서 가지신 네 가지 주요 관계를 예언했을
뿐만 아니라, 사중의 구분도 예언했습니다. 창세기 2장 10절입니다:

강이 에덴에서 흘러 나와 동산을 적시고 거기서부터 갈라져 네 근원이 되었으니
(창 2:10)

"거기서부터"라는 단어를 주의 깊게 살펴보십시오. 에덴에서 강은 하나
였으나 거기서부터 강이 갈라져 네 근원이 되었습니다. 여기에는 깊이 숨
겨진 의미가 있을 것입니다. 왜 이 강이 몇 개의 근원을 가지고 있다고 말
하는 것일까요? 단순한 역사적 사실은 우리에게 관심이나 가치가 없습니
다. 성령께서 이렇게 세부적으로 기록하신 것은 우리로 하여금 표면 아래
를 살펴보고 어떠한 신비로운 의미를 찾도록 하신 것입니다. 그리고 확실
히 그것은 멀리까지 가지 않아도 찾을 수 있습니다. 에덴은 위의 낙원을
암시합니다. 거기로부터 물이 흘러나옵니다. 그 강은 천국의 빛과 기쁨이
신 그리스도에 대해 말합니다. 여기에서의 신비한 비유를 해석해 보자면,

천국에서 그리스도는 영광의 주님이라는 단 하나의 인물이라는 것을 알 수 있습니다. 그런데 에덴에서 강이 흘러나와 네 개의 근원이 된 것처럼, 영광의 주님이 그렇게 이땅에 흘러오셨습니다. 그리하여 예수님의 이 땅에서의 사역도 성령에 의하여 사복음서에서 네 개의 근원이 되셨습니다.

사복음서에 기록된 그리스도의 사역에 관한 사중적인 구분을 예언한 구약의 유형은 출애굽기 26장 31, 32절에서 볼 수 있습니다:

31너는 청색 자색 홍색 실과 가늘게 꼰 베 실로 짜서 휘장을 만들고 그 위에 그룹들을 정교하게 수 놓아서 32금 갈고리를 네 기둥 위에 늘어뜨리되 그 네 기둥을 조각목으로 만들고 금으로 싸서 네 은 받침 위에 둘지며(출 26:31-32)

히브리서 10장 19, 20절에서 우리는 휘장이 성육신, 즉 하나님이 육신으로 나타나신 것을 예표했다는 것을 알 수 있습니다.

19그러므로 형제들아 우리가 예수의 피를 힘입어 성소에 들어갈 담력을 얻었나니 20그 길은 우리를 위하여 휘장 가운데로 열어 놓으신 새로운 살 길이요 휘장은 곧 그의 육체니라(히 10:19-20)

휘장이 금으로 입힌 싯딤 조각목 나무 기둥 네 개에 걸려 있었다는 것은 분명히 의미가 있습니다. 나무는 그리스도의 사람됨을 의미하고 금은 그의 신성을 나타냅니다. 이 네 기둥이 아름다운 휘장을 드러내는 역할을 한 것처럼, 사복음서 사람 가운데 거하신 아버지의 독생자의 온전함을 나타냅니다. 앞에서 인용한 성경과 관련하여 우리는 또 다른 특징을 관찰할 수 있습니다. 휘장은 청색, 자주색, 주홍색으로 그룹들을 수놓아 장식했습니다. 에스겔 10장 15, 17절 등에서 볼 수 있듯이 그룹들은 살아있는 창조물입니다. 이것은 우리로 하여금 요한계시록 4장 6절의 네 짐승을 식별할 수 있게 해줍니다.

> 보좌 앞에 수정과 같은 유리 바다가 있고 보좌 가운데와 보좌 주위에 네 생물이
> 있는데 앞뒤에 눈들이 가득하더라(계 4:6)

헬라어를 문자 그대로 번역하면 네 생물이기 때문입니다. 여기서의 생물 즉 그룹들은 그 수가 사(four)입니다. 계시록 4장 7절에서 그 생물을 묘사하는 것을 보면, 그것은 사복음서에 나오는 그리스도의 다양한 성품과 아주 현저하게 일치함을 볼 수 있습니다.

> 그 첫째 생물은 사자 같고 그 둘째 생물은 송아지 같고 그 셋째 생물은 얼굴이
> 사람 같고 그 넷째 생물은 날아가는 독수리 같은데(계 4:7)

첫 번째 그룹은 사자와 같습니다. 이것은 계시록 5장 5절에서 그리스도에 대해서 사용된 칭호를 우리로 하여금 떠올리게 합니다.

> 장로 중의 한 사람이 내게 말하되 울지 말라 유대 지파의 사자 다윗의 뿌리가
> 이겼으니 그 두루마리와 그 일곱 인을 떼시리라 하더라(계 5:5)

동물의 왕인 사자는 마태복음에 나타난 그리스도를 묘사하기에 적절한 상징입니다. 또한 유다 지파의 사자가 여기에서 "다윗의 뿌리"로 불린 것에 유의하십시오. 따라서 요한계시록 4장 7절에 나오는 첫 번째 그룹들에 대한 설명은 그리스도께서 첫 번째 복음서인 마태복음에서 다윗의 자손과 유대인의 왕으로 묘사된 성격과 정확히 일치합니다.

두 번째 그룹은 송아지 또는 어린 소의 모습니다. 어린 소는 마가복음에 나타난 그리스도를 적절하게 상징합니다. 소가 이스라엘에서 섬기는 으

뜸가는 동물이었던 것처럼, 마가복음에서는 그리스도께서 완전하신 여호와의 종으로 겸손하게 나타나셨기 때문입니다.

세 번째 그룹은 "사람의 얼굴을 가졌더라"고 했는데, 이는 우리 주님의 인성이 드러나는 누가복음에 해당합니다.

네 번째 그룹은 날으는 독수리와 같았습니다. 이것이 얼마나 중요한지요. 처음 세 존재는 땅에 속합니다. 마찬가지로 마태, 마가, 누가복음은 그리스도의 이 땅에서의 관계를 설정합니다. 하지만 네 번째 그룹은 우리로 하여금 땅위로 눈을 들어, 하늘을 바라보도록 합니다. 독수리는 가장 높이 솟아오르는 새입니다. 독수리는 요한복음에서 그리스도가 하나님의 아들로 나타나는 특성을 상징합니다. 덧붙여서 우리는 계시록 4장 7절에 등장하는 네 그룹의 묘사가 성경에 있는 사복음서의 배열을 어떻게 입증해 주는지 관찰할 수 있습니다. 현재 사복음서의 배열은 하나님이 정하신 것입니다. 그것은 계시록 4장 7절이 확증합니다. 필자는 본 책의 서론을 마무리하고 복음서로 들어가기 전에 다른 특징 한 가지를 더 살펴보고자 합니다.

사복음서를 기록하도록 택하신 네 사람의 선택에 나타난 하나님의 지혜를 보십시오. 각자에게서 우리는 그들의 과업에 대한 독특한 적합성과 적절성을 식별할 수 있습니다.

마태복음을 기록하기 위해 마태를 하나님께서 도구적으로 선택하신 것은 그에게 주어진 과업에 특별히 적합했습니다. 마태는 그리스도를 공식적 관계, 즉 메시야와 이스라엘의 왕으로 제시한 네 명의 전도자 중 유일한 사람이며, 마태는 네 명의 전도자 중 유일하게 공식적 지위를 소유한 사람이었습니다. 직업이 의사인 누가나 어부인 요한과 달리 마태는 로마 제국에서 고용된 세리 공무원이었습니다. 마태는 그리스도를 왕국과 관련하여 제시합니다. 또한 이스라엘을 다스릴 칭호를 소유하신 분으로 소개합니다. 마태는 로마 제국의 관료로서 광대한 제국을 관망하는 데 익숙하였기에 그 자신의 직무에 적절하게 선택된 것입니다. 그렇다면 광대한 제국의 관료이자 관망하는 데 익숙한 마태가 이 임무를 위해 선택된 것은 아주 적절한 일입니다. 마태는 공무원이었습니다. 로마인들은 유대인 세금을 징수하는 임무를 맡은 관리들을 임명했습니다. 유대인들은 그러한 세리들을 로마인들보다 더 미워했습니다. 그런 사람이 바로 마태였습니다. 그는 이유없이 미움받는 사람의 감정을 너무나도 잘 이해하는 사람이었습니다. 그는 메시야를 자신의 바라에서 멸시받고 버림받은 분으로 설명했습니다. 마지막으로, 하나님은 마태를 선택하셨는 데, 마태는 로마인들과 관련이 있습니다. 이는 멸시받는 이방인들에게까지 미치는 하나님의 은혜를 크게 기대하게 합니다.

마가복음은 하나님의 완전한 일꾼이신, 여호와의 종을 우리 앞에 제시합니다. 그리고 이 두 번째 복음서를 기록하기 위해 선택된 인물은 그의 임무에 잘 맞는 독특한 위치를 차지한 것 같습니다. 마가는 사도 중 한 사람이 아니라 사도의 종이었습니다. 디모데후서 4장 11절은 이것을 놀라운 방식으로 나타내고 있습니다.

> 누가만 나와 함께 있느니라 네가 올 때에 마가를 데리고 오라
> 그가 나의 일에 유익하니라(딤후 4:11)

이와같이 우리 주님을 하나님의 종으로 기록한 사람은 그 자신도 다른 사람들을 섬기는 사람이었습니다.

누가복음은 주님의 인성을 다루는 복음서입니다. 그리고 그를 인자(the Son of Man)로 제시하지만 사람들의 아들들(the sons of men)과는 대조를 이룹니다. 누가복음은 동정녀 탄생에 대한 가장 완전한 설명을 제공하는 복음서입니다. 누가복음은 또한 인간 본성의 타락하고 부패한 상태를 다른 어느 복음서보다 더 완전하게 드러냅니다. 또한 누가복음은 다른 세 복음서보다 그 범위가 훨씬 더 국제적이며 유대적이라기 보다는 더 이방 친화적입니다. 이에 대한 증거들은 이후 누가복음 본문을 다룰 때에 자세히 다루도록 하겠습니다. 이제 누가복음을 기록하기 위해 누가를 선택하는 것이 왜 적절한지 살펴보도록 하겠습니다. 그는 누구였습니까? 누가는 어부도 세금 징수원도 아니었고 의사였습니다(참조 골 4:14).

사랑을 받는 의사 누가와 또 데마가 너희에게 문안하느니라

인간의 본성을 연구하고 인간의 몸의 구조를 분석하는 학자였습니다. 더욱이 누가는 그 자신이 유대인이 아니라 이방인이라는 충분한 이유가 있습니다. 따라서 누가는 그리스도를 다윗의 자손(the Son of David)이 아니라 인자(the Son of Man)로 제시하는 것이 특히 적절했습니다.

요한복음은 그리스도를 사복음서 중에서 가장 고상한 성품으로 제시합니다. 요한복음은 예수님을 하나님의 아들로 제시하며 그 분의 신성한 관계를 보여줍니다. 이 일을 위해서는 특별히 영성이 높은 사람이 필요했습니다. 또한 특별한 방식으로 주님과 아주 친밀한 사람이 적합했습니다. 비범한 영적 분별력을 가진 사람을 요구하는 작업이었습니다. 요한은 열두 제자들 중에서 주님과 가장 가까웠던 제자였습니다. 예수님이 가장 사랑하셨던 제자, 요한은 잘 선택되었습니다. 주님의 품에 의지한 자가 그리스도를 아버지 품속에 있는 독생자로 묘사하는 도구가 되어야 한다는 것은

얼마나 적절한 일입니까? 이처럼 우리는 하나님께서 그들의 영광스러운 사역을 위해 사복음서 저자를 준비시키신 역사 가운데 발견할 수 있는 다양한 하나님의 지혜에 감탄하고 경배하게 됩니다.

본 서론을 마치기 전에 필자는 다시 한번 서두에 던졌던 "왜 사복음서인가?"라는 질문으로 돌아가고 싶습니다. 이번에는 이 질문에 다른 강조점을 주고자 합니다. 지금까지 왜 사복음서인가?라는 질문에 대해서 그리스도의 네 가지 다른 인격을 나타내기 위해서라고 답을 해왔습니다. 그러면 이제 다른 질문을 던져보겠습니다. 왜 이복음서, 삼복음서로 줄이지 않았습니까? 또는 오복음서로 늘어나지 않았습니까? 왜 사복음서이어야만 합니까? 하나님께는 모든 것에 대한 현명한 이유가 있으십니다. 우리는 복음서의 수에 신성한 적합성이 있음을 확신할 수 있습니다.

왜 사복음서인가라는 질문에 답에 대해서 우리는 우리의 추측이나 상상의 불확실성에 내버려 있지 않습니다. 성경은 성경이 해석해줍니다. 하나님의 말씀을 연구해보면 (우리보다 앞서 다른 사람들이 지적한 바와 같이) 그 말씀안에서 숫자들은 명확한 정확성과 의미로 사용된다는 것을 알 수 있습니다. 숫자 "4"는 지구의 수입니다. 그러므로, 숫자 4는 세상의 번호입니다. 이것에 대한 몇 가지 예를 들려고 합니다. 지구의 나침반에는 동, 서, 남, 북의 네 방향이 있습니다. 지구의 일 년에는 봄, 여름, 가을, 겨울의 사계절이 있습니다. 이 세상에는 네 가지 주요 요소가 있습니다. 땅, 공기, 불 그리고 물 등입니다. 그리고 지금까지 성경에는 네 개의 큰 제국이 있었습니다. 바벨론, 메대-바사, 그리스 그리고 로마제국입니다. 성경은 이 땅의 사람들을 네 부류로 구분합니다.

그들이 새 노래를 불러 이르되 두루마리를 가지고 그 인봉을 떼기에

합당하시도다 일찍이 죽임을 당하사 각 족속과 방언과 백성과 나라 가운데에서
사람들을 피로 사서 하나님께 드리시고(계 5:9)

씨 뿌리는 비유에서 주님은 밭을 네 종류로 나누셨고, 이후에 "밭이 곧
세상"이라고 말씀하셨습니다. 십계명의 넷째 계명은 세상의 모든 수고를
쉬는 것과 관련이 있습니다. 주기도문에서 네 번째 구절은 "아버지의 뜻
이 땅에서 이루어지이다"입니다. 이러한 것들을 계속 말할 수 있습니다.
이에 숫자 4는 세상의 숫자입니다. 그러므로 성령께서 그리스도의 지상
사역을 설명하는 네 가지 복음을 우리에게 주신것은 얼마나 합당한 일인
지 모릅니다.

제1장
마태복음

마태복음은 구약의 마지막 선지자 말라기의 사역에 뒤이은 하나님의 긴 침묵을 깨뜨립니다. 이러한 침묵은 400년 동안 계속되었고, 그 동안 하나님은 이스라엘의 시야에서 숨겨졌습니다. 이 기간 동안에는 천사의 출현도 없었고, 여호와를 대변하는 선지자도 없었으며, 하나님의 택하신 백성들이 심한 압박을 받았지만 그들을 위한 하나님의 개입은 전혀 없었습니다. 4세기 동안 하나님께서는 당신의 백성을 당신이 기록하신 말씀에 가두어 두셨습니다. 하나님께서는 거듭해서 메시아를 보내시겠다고 약속하셨고, 말라기 시대 이후로 주의 성도들은 예언된 그분의 나타나심을 간절히 기다렸습니다. 이 시점에서 마태의 복음은 그리스도를 이스라엘에 주신 약속과 그들의 메시아와 관련된 예언의 성취자로 제시하는 것입니다. 이것이 마태복음에 "성취되었다"라는 단어가 15번 나오는 이유입니다. 마태복음은 다른 세 공관복음을 합친 것보다 훨씬 더 많이 구약을 인용합니다.

마태복음이 정경에서 차지하는 위치는 그 범위를 나타냅니다. 마태복음 구약성경 바로 다음에 위치하며, 신약성경의 시작 부분에 있습니다. 따라서 마태복음 구약과 신약을 연결하는 고리입니다. 그러므로 마태복음은 그 성격이 과도기적이며 신약의 다른 어떤 책보다 더 유대적입니다. 마태는 구약의 백성들에게 호소하고 그들을 다루시는 하나님을 보여줍니다. 마태는 예수님을 유대인들과 독특한 관계를 소유하고 있는 분으로 제시합니다. 사복음서 중 유일하게 메시야의 다음과 같은 명시적 선언을 기록한 책입니다:

예수께서 대답하여 이르시되 나는 이스라엘 집의 잃어버린 양 외에는
다른 데로 보내심을 받지 아니하였노라 하시니(마 15:24)

마태복음이 성경에서 차지한 위치는 위에서 말한 것을 확증해 줍니다. 마태복음은 성경 66권 가운데 40번째 책으로서, 이스라엘이 시험 가운데 있음을 보여줍니다. 메시야께서 그들 가운데 임재하심으로 이스라엘을 시험하고 계십니다. 마태는 예수님을 그의 백성을 그들의 죄에서 구원하실 자일 뿐 아니라, 이스라엘의 메시야와 왕으로 제시합니다. 마태복음 1장 1절은 그 책을 이해하는 핵심열쇠입니다.

아브라함과 다윗의 자손 예수 그리스도의 계보라

다윗의 자손이라는 구절은 마태복음에서 7번 나오며, 사복음서 전체에서는 10번 언급됩니다. "다윗의 자손"은 예수님을 이스라엘의 왕좌와 연결시킵니다. 아브라함의 자손은 또한 예수님을 이스라엘의 땅과 연결시킵니다. 아브라함은 여호와께서 처음으로 그 땅을 주신 사람입니다. 그러나 마태복음 1장 1절의 첫 구절 이후에는 아브라함의 자손이라는 칭호가 더 이상 언급되지 않습니다. 왜냐하면 이스라엘이 그 땅을 회복하는 것은 예수님을 그들의 구세주와 왕으로 영접한 결과이기 때문입니다. 그리고 이것이 마태복음에서 두드러지는 것은 그리스도를 왕으로 제시하기 때문

입니다. 마태복음에서 이러한 칭호가 12번이나 언급됩니다.

 마태는 본질적으로 시대를 다루는 복음이며 그 중요성과 가치를 과소 평가 할 수 없습니다. 마태는 그리스도가 유대인들을 위해서 희생제물이 되신 것을 보여줍니다. 하지만 유대인들은 그리스도를 거절했고 그 결과 이스라엘을 하나님은 배제하시고, 하나님의 은혜가 이방인을 향하게 됩니다. 로마서 15장 8, 9절이 마태복음의 영역을 요약해 줍니다.

8내가 말하노니 그리스도께서 하나님의 진실하심을 위하여 할례의 추종자가 되셨으니 이는 조상들에게 주신 약속들을 견고하게 하시고 9이방인들도 그 긍휼하심으로 말미암아 하나님께 영광을 돌리게 하려 하심이라 기록된 바 그러므로 내가 열방 중에서 주께 감사하고 주의 이름을 찬송하리로다 함과 같으니라(롬 15:8-9)

 그리스도는 유대인으로 나셨을 뿐만 아니라, 먼저 유대인을 위하여 오셨습니다. 이에 한 선지자가 다음과 같이 외쳤습니다.

이는 한 아기가 우리에게 났고 한 아들을 우리에게 주신 바 되었는데 그의 어깨에는 정사를 메었고 그의 이름은 기묘자라, 모사라, 전능하신 하나님이라, 영존하시는 아버지라, 평강의 왕이라 할 것임이라(사 9:6)

 마태복음은 신약성경의 후기 책들에서 이스라엘이 하나님에 의해 일시적으로 버림받은 것으로 보이는 이유와 하나님께서 현재 자신의 이름을 위한 백성을 이방인 중에서 취하시는 이유를 설명합니다. 다시 말해서, 현재 경륜의 시대에 왜 교회가 유대인의 신정 통치를 대체했는 지에 대한 이유를 알려 주는 것입니다. 마태복음은 지금의 시대에 하나님께서 이 땅을 어떻게 다루시는 가에 대한 열쇠를 제공합니다. 마태복음을 충분히 잘 이해하지 않고서는, 신약성경의 나머지 부분을 잘 이해한다는 것은 불가능합니다. 이제 마태복음의 두드러진 특징과 독특한 특성을 살펴보겠습니다. 가장 먼저 시선을 사로잡는 것은 첫 구절입니다. 하나님은 그의 부드러우신 은혜로 열쇠를 입구 바로 위에 걸어두셨습니다. 마태복음 1장 1절은 마태복음의 내용을 풀어줍니다.

아브라함과 다윗의 자손 예수 그리스도의 계보라

영어 성경에서 다섯 단어로 번역된 다음 구절, "The book of the generation"는 헬라어에는 단지 두 단어 입니다. "비블로스 게네수스(Book of Genesis)" 입니다. 이 두 단어는 구약의 표현이기 때문에 마태복음의 서두 부분의 독특한 유대적 성격을 나타냅니다. 신약성경을 시작하는 이 표현이 구약성경의 첫 번째 책인 창세기의 시작 부분에서 또한 발견된다는 점은 주목할 만합니다.

이것은 아담의 계보를 적은 책이니라 하나님이 사람을 창조하실 때에
하나님의 모양대로 지으시되(창 5:1)

여기서 "세대 또는 계보"라는 단어가 "~의 역사"를 의미한다는 것은 모두가 다 아는 사실이라서 말할 필요가 없습니다. 지금 여기에 아담의 계보의 책이 있고 그리스도의 계보의 책이 있습니다. 하나는 죽음의 책이고 하나는 생명의 책이라고 칭할 수 있습니다. 성경 전체가 이 두 권의 책을 중심으로 할 뿐만 아니라 인간의 운명의 총체이기도 합니다. 창세기와 마태복음의 시작 부분에 나오는 이 표현은 구약과 신약의 통일성을 놀랍도록 잘 보여줍니다.

창세기에는 열 한개의 톨레도트 즉 족보, 계보, 역사가 나옵니다. "하늘

과 땅의 역사"로 시작하여 "야곱의 역사"로 마무리됩니다. 2장 4절, 5장 1절, 6장 9절, 11장 10절, 11장 27절, 25장 12절, 25장 19절, 36장 1절, 36장 9절, 37장 2절을 참조하십시오.

이와 같이 성경의 첫번째 책들(창세기, 마태복음)은 열두 부분으로 나뉘어 지는 데, 숫자 12는 하나님의 통치를 나타나는 숫자입니다. 또한 창세기에서 하나님은 주권적인 통치의 하나님이십니다. 출애굽기부터 다니엘서까지는 통치가 도구적으로 이스라엘에게 위임되었고, 다니엘서 이후로는 이방인의 손에 넘겨진 것을 볼 수 있습니다. 하지만 창세기는 유대인의 신정정치보다 앞선 시대입니다. 거기에서의 통치는 하나님의 손에 의해서 직접 이루어지며, 이에 12 섹션으로 되어 있습니다.

"~의 계보, 세대"라는 표현은 민수기 3장 1절과 룻기 4장 18절에 두 번 더 등장합니다. 이에 구약에서는 총 13번이 등장하는 데, 숫자 13은 배교의 숫자입니다. 이는 율법이 잘 드러내는 것입니다. 그러나 우리가 앞에서 보았듯이, "~의 세대"라는 이러한 표현은 신약성경의 첫 구절에서 한 번 더 등장합니다. 그곳이 성경에서의 마지막 장소입니다. 이에 모두 열네 개가 되며 열네번째 계보는 예수 그리스도의 계보가 됩니다. 이것은 아주 심오하고 의미심장한 말씀입니다. 14는 2 x 7입니다. 2는 대조 또는 차이를 나타내고, 숫자 7은 완전 그리고 완성을 의미하는 숫자입니다. 예수님의 오심은 완전하고 또한 전혀 다른 차원입니다.

아브라함과 다윗의 자손 예수 그리스도의 계보라 (마 1:1)

예수님에 대한 이러한 칭호에는 적어도 세 가지 의미가 있습니다.

첫 번째, 두 칭호는 모두 예수님을 이스라엘과 연결시킵니다. 다윗의 자손은 그를 이스라엘의 왕좌와 연결하고 아브라함의 자손은 이스라엘 땅과 연결합니다.

두 번째, 다윗의 자손은 예수님을 이스라엘로 제한하는 반면에, 아브라함의 자손은 그 범위가 더 넓어 그를 이방에까지 이르게 합니다. 왜냐하면 하나님의 원래의 약속이 다음과 같이 아브라함 안에 있기 때문입니다.

너를 축복하는 자에게는 내가 복을 내리고 너를 저주하는 자에게는 내가 저주하리니 땅의 모든 족속이 너로 말미암아 복을 얻을 것이라 하신지라(창 12:3)

세 번째, 터커 박사(W. L. Tucker)가 지적한 것처럼, 마태복음 1장 1절의 이러한 제목은 마태복음의 이중 구조적 구분과 정확히 일치합니다. 1장 1절부터 4장 16절까지는 서론부분입니다. 4장 17절이 마태복음의 첫번째 구분을 엽니다.

이 때부터 예수께서 비로소 전파하여 이르시되 회개하라 천국이 가까이 왔느니라 하시더라(마 4:17)

이 부분의 섹션은 그리스도의 공식 사역을 다루고 그를 다윗의 자손으로 소개합니다. 두 번째 섹션은 16장 21절에서 시작합니다.

이 때로부터 예수 그리스도께서 자기가 예루살렘에 올라가 장로들과 대제사장들과 서기관들에게 많은 고난을 받고 죽임을 당하고 제삼일에 살아나야 할 것을 제자들에게 비로소 나타내시니(마 16:21)

이 부분은 주로 그리스도의 희생적 사역을 다룹니다. 이에 예수님을 아브라함의 아들로 바라보면서, 제단 위에 놓인 옛 이삭이 예표한 것을 떠올리게 합니다. 마태복음 1장 1절 이후에 17절까지는 예수님의 족보로 채워져 있습니다. 이것에 대한 주된 의미들은 우리가 가장 주의를 기울일 가치가 있습니다. 왜냐하면 그것이 마태복음의 특징과 지배적인 주제를 확실히 고착시키기 때문입니다. 신약성경의 첫 번째 책인 마태복음 이름의 긴 목록을 가지고 시작됩니다. 이것은 성경이 영감받은 사람들에 의해서 기록되었다는 것을 확실히 보여주는 증거입니다. 하나님의 생각과 길은 우리와 늘 다르며 또한 온전합니다. 여기에 기록된 족보에 대한 이유를 찾는 것은 그리 어렵지 않습니다. 우리가 보았듯이, 마태복음의 첫 문장에는 이 책에 대한 열쇠가 포함되어 있으며, 여기서 그리스도가 첫째로 다윗의 왕좌에 앉을 자격이 있는 유대적 관계가 충분히 보여진다는 것을 분명히 암시합니다. 그러면 예수님의 칭호는 어떻게 정립되는 것입니까? 먼저, 예수님은 육신으로는 왕족에 속하신 다는 것을 보여줍니다. 그는 다윗 왕의 후손이십니다. 왕의 보좌를 차지할 권리는 공공의 선거에도 의지하지만 또한 혈통에도 놓여 있습니다. 그러므로 마태복음에서 성령께서 가장 먼저 하신 일은 메시아의 왕족 족보를 우리에게 보여주심으로서, 예수께서 다윗의 직계 자손으로서 이스라엘의 왕좌에 대한 완전한 자격이 있음을 보여주는 것입니다.

마태복음 1장에 기록된 족보는 그리스도의 인간적 가계뿐만 아니라 특히 그의 왕족 가계를 알려 주고 있는데, 이것이 누가복음 3장에 기록된 족보와 구별되는 본질적인 특징 중 하나입니다. 마태복음 1장 1-17절의 기본적인 설계와 의도는 그리스도께서 유대인의 왕으로 다스리실 권리를 증명하는 것입니다. 이것이 바로 마태복음에서의 예수님의 족보가 히브리 민족의 조상인 아브라함보다 더 거슬러 올라가지 않는 이유입니다. 그렇기 때문에 마태복음 1장 1절에서는 "아브라함의 자손, 다윗의 자손"이 아니라 "예수 그리스도, 다윗의 자손, 아브라함의 자손"입니다. 이 후의 절에서는 모두 절에서 아버지가 먼저 나옵니다. 왜냐하면 아브라함에서 다윗까지의 족보를 말하기 때문입니다. 그렇다면 왜 첫 구절에서 이 순서가 반대로 되어 있는 것일까요? 이에 대한 해답은 다음과 같습니다. 다윗이 먼저 등장해야 합니다. 왜냐하면 여기서는 왕의 계보가 강조되고 있기 때문입니다. 이것이 또한 마태복음 1장 2절을 설명합니다:

아브라함이 이삭을 낳고 이삭은 야곱을 낳고 야곱은 유다와 그의 형제들을 낳고

야곱의 열두 아들 중에서 왜 유다만 여기에서 언급되어지는 것입니까? 왜 야곱이 르우벤과 그의 형제들을 낳았다고 말하지 않습니까? 르우벤은 야곱의 장자입니다. 위의 구절이 르우벤의 장자권이 요셉에게로 넘어간 것을 반대한 것이라면 왜 야곱이 요셉을 낳았다고 기록하지 않는 것입니까? 요셉은 야곱이 가장 사랑하는 아들이었습니다. 이에 대한 답은 유다가 왕의 지파라는 것입니다. 우리 앞에 놓여 있는 것은 왕의 계보입니다. 마태복음 1장 6절입니다:

이새는 다윗 왕을 낳으니라 다윗은 우리야의 아내에게서 솔로몬을 낳고

이스라엘을 다스렸고, 마태복음 1장에 기록된 사람들 중에, 왕이라고 칭해진 사람은 다윗이 유일합니다. 그리고 같은 절에서 두 번이나 왕으로 언급됩니다. 이것이 바로 다윗을 특별하게 부각되게 한 이유입니다. 이에 1절에서 주님을 다윗의 자손이라고 칭한 의미의 중요성을 우리에게 보여줍니다.

마태복음 1장의 족보에는 흥미로운 특징들이 많이 있고 다 언급할 수가

없어서 넘어가야 하지만, 그 속에 담긴 숫자 배열에 대해서 몇 가지 간단한 설명을 하고자 합니다. 계보는 세 부분으로 나눕니다. 아브라함에서 다윗까지 이어지는 첫 번째 부분은 준비 기간이라고 할 수 있습니다. 솔로몬에서 바벨론 포로로 이어지는 두 번째 부분은 퇴화의 시대라고 할 수 있습니다. 반면에 바벨론 포로에서 그리스도의 탄생까지 이어지는 세 번째 기간은 대망의 기간이라고 부를 수 있습니다. 성경에서 숫자 3은 징후 또는 표명(manifestation)을 의미합니다. 여기서의 배열은 너무나도 적절합니다. 왜냐하면 그리스도께서 나타나신 이후에야 아브라함과 그의 자손에 관한 하나님의 목적이 완전히 드러나기 때문입니다.

왕족 계보에 있는 이 세 부분 각각은 14세대인데, 이는 2*7입니다. 숫자 2는 증언 또는 유능한 증인 등을 의미하며, 숫자 7은 완전함을 나타냅니다. 다시 한 번 우리는 그리스도의 이 족보에 있는 이러한 숫자들의 일치에 감탄할 수 밖에 없습니다. 오직 그리스도 안에서만 우리는 완전한 증거, 즉 "신실하고 참된 증인"을 얻을 수 있습니다.

마지막으로, 14 x 3은 아브라함에서 그리스도까지 모두 42 세대를 말합니다. 이것은 또한 7*6으로 표시할 수 있습니다. 7은 완전함을 나타내고 6은 사람의 수입니다. 이에 아브라함으로부터 그리스도로 이어지는 42 세대는 완전한 사람을 우리에게 소개합니다. 하나님의 말씀은 미시적으로도 얼마나 완벽한지 모릅니다.

> 야곱은 마리아의 남편 요셉을 낳았으니 마리아에게서 그리스도라 칭하는
> 예수가 나시니라(마 1:16)

마태는 요셉과 예수를 아버지와 아들로 연결시키지 않습니다. 예수님의

족보는 일반적인 족보의 표현에서 벗어나 있습니다. 구주의 탄생의 특이성, 유일성을 나타내기 위해 족보의 일반적인 표현에서 벗어났습니다. 아브라함은 이삭을 낳고 이삭은 야곱을 낳았습니다. 하지만 마리아의 남편 요셉은 예수를 낳지 않았습니다. 오히려 성경은 다음과 같이 기록합니다:

> 예수 그리스도의 나심은 이러하니라 그의 어머니 마리아가 요셉과 약혼하고
> 동거하기 전에 성령으로 잉태된 것이 나타났더니(마 1:18)

이사야가 700년 전에 예언(사 7:14)한 대로, 메시야는 처녀의 몸에서 태어나십니다. 하지만 처녀는 이스라엘의 왕위에 오를 권리가 없습니다. 그런데, 요셉은 다윗의 직계 후손으로서 이 권리를 가졌으므로 예수님은 그의 법적 아버지인 요셉의 양자가 되심으로 육신으로 유대인의 왕이 되실 권리를 확보하셨습니다. 유대인에게 있어서 약혼은 결혼과 동일한 효력을 가지기 때문입니다.

이제 마태복음 2장으로 들어가면, 다른 공관복음의 저자들은 생략한 사건이 마태복음에는 적절하게 기록되어 있음을 관찰할 수 있습니다. 여기서 다루는 사건은 아기 그리스도를 공경하고 경배하기 위해 동방에서 온 동방박사들의 방문입니다. 이 사건에 대해서 세부적으로 성령님께서 드러내는 사항들은 마태복음의 특성과 범위를 현저하게 보여줍니다. 마태복음 2장은 다음과 같이 시작됩니다:

> [1]헤롯 왕 때에 예수께서 유대 베들레헴에서 나시매 동방으로부터 박사들이
> 예루살렘에 이르러 말하되 [2]유대인의 왕으로 나신 이가 어디 계시냐 우리가
> 동방에서 그의 별을 보고 그에게 경배하러 왔노라 하니(마 2:1-2)

동방 박사들이 한 질문을 유념있게 살펴보십시오. 그들은 "세상의 구주

로 나신 이가 어디 있습니까?"라고 질문하지 않았습니다. 또는 "말씀이 성육신하신 분이 어디 있습니까?"라고 질문하지 않았습니다. 대신에, "유대인의 왕으로 나신 이가 어디에 있습니까?"라고 질문했습니다. 마가, 누가, 요한이 이러한 것에 대해 완전히 침묵하고 있다는 사실과 마태복음이 그것을 기록하고 있다는 것은 분명히 이 첫째 복음이 그리스도를 독특한 유대적 관계로 제시한다는 확실한 증거입니다. 이에 대한 증거들은 누적 되어 있습니다. 먼저 마태가 시작부분에서 보인 독특한 표현이 있습니다. "~~의 세대의 책"이라는 표현은 구약성경에 나오는 표현이며 신약성경에 는 전혀 등장하지 않습니다. 마태복음에서 그리스도에게 주어진 첫 번째 칭호는 다윗의 자손입니다. 이러한 표현 직후에 왕의 계보가 등장합니다. 그리고 이제 동방박사들이 등장하여, "유대인의 왕으로 나신 이가 어디에 있습니까?"라고 질문하고 있습니다. 이와 같이 하나님의 영은 마태복음 의 서두에서 유대적인 특유의 특성을 너무나 명백하고 두드러지게 하였 습니다. 이에 편견으로 눈이 먼 자들 외에는 그 누구도 그 진정한 경륜의 시대를 보지 못할 수 없습니다. 이와 같이 성령님은 현재 어떤 지역에서 제기되고 있으며, 단지 혼란과 혼돈에 빠지게 하는 경향이 있는 어리석은 동요를 변명의 여지 없게 하셨습니다.

그러나 마태복음 2장에는 그리스도를 유대인의 정당하신 왕으로 인식 하는 것보다 훨씬 더 많은 내용이 있습니다. 마태복음 2장 안에 서술된 사 건은 그리스도께서 처음부터 끝을 예상하시면서, 이 세상에서 그가 받으 실 영접의 예표를 담고 있습니다. 마태복음 2장은 마태복음의 전체 과정에 대 한 예언적 개요입니다.

첫째, 우리는 예수께서 "유대인의 왕"으로 태어나셨다는 확언을 받았습 니다. 그런데 예수님은 왕의 도시인 예루살렘에 계시지 않고 그 도성 바깥에서 태어나십니다. 유대인들은 자신들 가운데에 다윗의 자손이 임재하셨지만 무지했고 무관심했습니다. 첫째, 메시야의 그 백성들이 메시야께서 그들 가운데 계신 것을 알지 못했습니다. 둘째, 동방박사들이 어린 예수님을 찾아 예루살렘을 떠났을 때 그들은 동행하지 않았습니다. 먼 땅에서 온 이방인이 오히려 주님께 마음을 다하여 그를 찾고 예배하고 있습니다. 셋째, 예루살렘의 통치자는 증오로 가득차 있고, 예수님의 생명을 제거하고자 합니다. 이에 마태복음 2장의 사건은 유대인들에게 거절당하시고 이방인들에게 영접받으시는 그리스도를 놀랍도록 예표했습니다. 이에 우리는 여기서 마태복음 전체를 요약할 수 있습니다. 마태복음은 특별히 그리스도가 이스라엘에게 나타나셨다는 것을 보여줍니다. 또한 이스라엘은 그러한 그리스도를 거절했습니다. 그 결과로 잠시 동안 이스라엘은 제쳐두고 그 은혜가 멸시받는 이방인들에게 다다르게 되었습니다.

그들이 떠난 후에 주의 사자가 요셉에게 현몽하여 이르되 헤롯이 아기를 찾아 죽이려 하니 일어나 아기와 그의 어머니를 데리고 애굽으로 피하여 내가 네게 이르기까지 거기 있으라 하시니(마 2:13)

마태복음의 처음 1장과 2장에서 그토록 두드러지게 등장하는 인물은 마리아가 아니라 요셉임을 주목하십시오. 왜냐하면 예수께서 다윗의 왕좌에 대한 칭호를 얻으신 것은 그의 어머니를 통해서가 아니라 그의 법적 아버지인 요셉을 통해서였기 때문입니다. 마태복음 1장 20절과 비교해 보십시오. 여기서 요셉은 "다윗의 자손"이라 칭해집니다.

이 일을 생각할 때에 주의 사자가 현몽하여 이르되 다윗의 자손 요셉아 네 아내 마리아 데려오기를 무서워하지 말라 그에게 잉태된 자는 성령으로 된 것이라

(마 1:20)

사복음서 저자 중 유일하게 마태는 예수님이 애굽으로 피신하신 것과 팔레스타인으로 다시 돌아온 것을 유일하게 기록한 인물입니다. 이것은 심오하게 암시적입니다. 이것은 마태복음의 특별한 계획과 의도와 매우 일치합니다. 메시야는 이스라엘이라는 나라가 있었고 시작된 동일한 장소를 지나가셨습니다.

[19]헤롯이 죽은 후에 주의 사자가 애굽에서 요셉에게 현몽하여 이르되 [20]일어나 아기와 그의 어머니를 데리고 이스라엘 땅으로 가라 아기의 목숨을 찾던 자들이 죽었느니라 하시니 [21]요셉이 일어나 아기와 그의 어머니를 데리고 이스라엘 땅으로 들어가니라(마 2:19-21)

다시 한 번 우리는 마태가 그리스도에 대해 묘사한 독특한 유대적 성격을 드러내는 또 다른 구절을 발견합니다. 이 구절은 신약성경에서 팔레스타인이 "이스라엘 땅"이라고 불리는 유일한 구절입니다. 이스라엘의 왕과 관련하여 이 구절에서 그렇게 중요하게 선포됩니다. 예수님께서 예루살렘에 보좌에 앉으시기 전까지는 팔레스타인 땅이 즉 가나안 땅이 "이스라엘 땅"이 될 것이라고 약속한 대로 실제로 될 수 없기 때문입니다. 그러나 바로 다음에 나오는 마태복음 2장을 마무리하는 구절은 아주 비극적이고 암시적입니다. 마태복음 2장 22절은 "그러나"로 시작합니다. "그러나"는 항상 대조를 가리킵니다.

그러나 아켈라오가 그의 아버지 헤롯을 이어 유대의 임금 됨을 듣고 거기로 가기를 무서워하더니 꿈에 지시하심을 받아 갈릴리 지방으로 떠나가(마 2:22)

나사렛이란 동네에 가서 사니 이는 선지자로 하신 말씀에 나사렛 사람이라 칭하리라 하심을 이루려 함이러라(마 2:23)

나사렛은 멸시받는 갈릴리 지방에서도 가장 멸시를 받는 곳이었습니다.

이와 같이 예수님께서 얼마나 일찍부터 멸시받는 자의 처소로 내려가셨는지를 볼 수 있습니다. 또한 유대인들의 그를 향한 거부를 예고하셨습니다. 그런데 나사렛을 언급한 바로 다음에 "이스라엘의 땅"이라는 구절이 언급되는 것을 볼 수 있습니다.

마태복음 3장은 우리 앞에 가장 눈에 띄는 인물을 제시하는 것으로 시작합니다.

그 때에 침례 요한이 이르러 유대 광야에서 전파하여 말하되(마 3:1)

여기서 "그 때에"는 예수께서 여전히 멸시받는 갈릴리 나사렛에 거하실 때를 말합니다. 그 때에 침례 요한이 와서 유대 광야에서 전파하였습니다. 그는 이스라엘의 메시아에 앞서 등장하는 예언된 사람이었습니다. 그는 이사야가 여호와를 위한 길을 예비해야 한다고 말한 사람이며, 이것은 메시야가 대중 앞에 나타나실 때까지 그를 영접하도록 백성을 준비시킴으로 이루어집니다. 침례 요한은 엘리야의 영과 능력으로 왔습니다(눅 1:17). 그는 디벳 사람 엘리야의 사명과 특성이 비슷한 일을 하였습니다(마 4: 5, 6).

침례 요한은 언약의 백성들에게만 선포했고, 유대 땅으로 자신을 제한했습니다. 그는 예루살렘이 아니라 광야에서 설교했습니다. 그 이유는 명백합니다. 하나님은 타락해버린 유대교를 받지 않으셨습니다. 하나님은 자신의 사자를 그 당시의 모든 종교적 영역 밖에 두셨습니다. 광야는 이스라엘의 영적 상태를 보여주며 황량함과 황폐함을 상징했습니다. 요한의 메시지는 간단하고 핵심은 "회개하라"였습니다. 이것은 이스라엘이 스스로 자신을 점검하고 심판하라는 촉구였습니다. 이것은 한마디로 말하자면, 유대인들에게 그들의 죄를 자백하고 하나님 앞에 합당한 자리를 차지할 것을 촉구하는 말씀입니다. 그래야만 메시야이신 주님을 위해 준비될 수 있습니다. 회개에 대한 촉구는 "회개하라 천국이 가까왔느니라"라는 회개할 때라는 것을 강조함으로써 더 강화되었습니다.

"회개하라"는 이유에 대해서 주의를 기울이십시오. 주님이 가까우시기 때문도 아닙니다. 지금 성육신하신 하나님이 너희 가운데 계시기 때문도 아닙니다. 새로운 경륜의 시대가 도래했기 때문도 아닙니다. 바로 하나님의 나라가 가까이 왔기 때문입니다. 침례 요한의 메세지를 듣는 사람들은 이 표현을 어떻게 이해할 것인가요? 그 당시의 유대인들은 침례 요한의 말에 어떤 의미를 부여하는 것일 까요? 침례 요한은 사람들이 잘 이해할 수 없는 언어를 사용하지 않았습니다. 그럼에도 불구하고 우리는 요한이 여기에서 기독교를 소개한다고 받아들일 수도 있습니다. 더 거칠고 우스꽝스러운 이론은 상상하기 어려울 것입니다. 요한이 말한 "하나님의 나라"가 기독교의 시대를 말한 것이라면, 유대인 청취자들은 그것을 이해하지 못했을 것입니다. 필자는 그것을 차분히 고려해서 설명하고자 합니다. 만일 요한이 기독교 경륜의 시대가 시작되고 있었기 때문에 그의 청중이 회개하도록 명했다면, 요한은 그들을 조롱하는 것입니다. 요한은 유대인들이 전혀 이해할 수 없는 용어를 쓰는 것이고 이에 완전히 오해의 소지가 있기 때문입니다. 하나님의 사자에게 그렇게 하라고 임무를 부여하는 것은 거의 죄를 지으라는 것과 동일합니다.

그러면 요한의 메세지를 듣는 청중들은 "회개하라 천국이 가까왔느니라"고 한 말을 무슨 뜻으로 이해하겠습니까? 유대인들은 구약성경에 친숙합니다. 이에 유대인들은 요한의 말에 한 가지 의미만 부여할 수 있었습니다. 즉, 그가 그들의 예언자들이 거듭거듭 말한 왕국, 즉 메시아 왕국을 언급하고 있다는 것뿐이었습니다.

메시아의 왕국을 그 이전의 모든 왕국과 구별해야 하는 것은 이것입니다. 이 세상의 모든 왕국은 사탄과 그의 무리들에 의해 다스려졌지만 메시아의 왕국이 설립되면 하늘의 통치가 이 땅위에 이루어 지는 것입니다.

그런데 여기서 의문이 제기됩니다. 이스라엘은 왜 그들이 마음에 품고 있던 왕국을 거절한 것일까요? 메시아의 왕국이 건설된다는 것은 로마의 지배가 끝나는 것을 의미하지 않습니까? 메시야의 왕국은 유대인들이 다른 어떤 것보다 원하는 것이 아니었습니까? 그러한 질문에 대한 대답으로 여러 가지가 고려될 수 있습니다.

첫째, 이스라엘이 메시야 왕국을 거부했다고 말하는 것은 실수입니다. 왜냐하면 엄격한 언어로 말하자면 왕국이 그들에게 제공된 적이 없고 오히려 그냥 왕국이 그들에게 전해지고 선포되었기 때문입니다. 그 나라는 가까이 왔습니다. 왜냐하면 다윗의 왕좌를 차지할 사람이 자신을 유대인들에게 드러내셨기 때문입니다.

둘째, 그 나라가 세워지기 전에 이스라엘은 먼저 회개했어야 합니다. 그러나 이것은 잘 알려진 바와 같이 이스라엘은 한 나라로서 꾸준히 회개하기를 거부한 것입니다. 누가복음 7장 29, 30절은 분명히 선포했습니다:

29모든 백성과 세리들은 이미 요한의 침례를 받은지라 이 말씀을 듣고 하나님을 의롭다 하되 30바리새인과 율법교사들은 그의 침례를 받지 아니함으로 그들 자신을 위한 하나님의 뜻을 저버리니라(눅7:29-30)

셋째, 여러분들은 비유로 설명하면 아마도 필자가 말하고자 하는 의미를 더 명확하게 알 수 있을 것입니다. 오늘날 세상은 황금기를 간절히 갈망하고 있습니다.

평화와 안식의 천년의 나라는 외교관과 정치인 사이에서 가장 큰 희망입니다. 그러나 그들은 자신의 방식으로 그것을 원합니다. 그들은 자신의 노력으로 그것을 이루기를 원합니다. 그들은 주 예수 그리스도의 지상 재림으로 인한 천년왕국을 갈망하지 않습니다. 침례 요한의 시대에 이스라엘도 마찬가지였습니다. 사실, 그들은 로마의 지배에서 구출되기를 원했습니다. 사실, 그들은 이방인의 멍에에서 영원히 해방되기를 원했습니다. 사실, 그들은 회복된 팔레스타인에서 천년 동안 방해받지 않는 번영을 갈망했지만 하나님의 관점에서 그것을 원하지 않았습니다.

침례 요한의 사역은 사복음서 각각에 더 많거나 더 짧게 언급되어 있지만 "회개하라 천국이 가까왔느니라"는 이 말씀을 기록한 사람은 마태뿐입니다. 이 사실을 무시하고 놓치는 것은 진리의 말씀을 옳게 분별하는 데 실패하는 것입니다. 그것은 성령께서 사복음서에 만들어 놓으신 특징적인 구별을 놓치는 것입니다. 그것은 그리스도의 인격과 사역에 대한 네 가지 독립적인 묘사를 무의미한 혼란한 것으로 만들어 버리는 것입니다. 성경을 가르치기를 희망하는 사람이 자신이 천국의 가르침을 받은 서기관(마 13:52)이 아닌 자로서의 무능함을 드러내는 것입니다.

요한의 침례는 그의 설교를 확증해 주었습니다. 요한은 회개에 이르게 하는 침례를 죽음의 강인 요단강에서 베풀었습니다. 죄에 대한 정당한 삯은 죽음이었습니다. 그들은 그러한 죄를 자복하고 침례를 받았습니다. 그러나 기독교의 침례는 이것과 완전히 다릅니다. 그것은 우리가 죽어 마땅한 자들을 대신하는 것이 아니라, 우리가 이미 그리스도와 함께 죽었다는 사실을 보여주는 것입니다.

사복음서 전체에 대한 상세한 설명을 시도하는 것은 필자의 현재 목적을 넘어서는 일입니다. 여기서는 마태복음의 특징과 독특한 것들만 살펴보고자 합니다.

나는 너희로 회개하게 하기 위하여 물로 침례를 베풀거니와 내 뒤에 오시는 이는 나보다 능력이 많으시니 나는 그의 신을 들기도 감당하지 못하겠노라 그는 성령과 불로 너희에게 침례를 베푸실 것이요(마 3:11)

마태복음 3장 11절에 나오는 표현은 사복음서 외에 신약성경 어디에도 나오지 않습니다. 그런데 이 구절의 일부가 사도행전에서 인용되었기 때문에 더욱 주목할 만합니다.

침례를 받으로 온 바리새인들과 사두개인들을 보고 침례 요한은 그들이 침례를 받을 수 있는 어떠한 상태에도 있지 않음을 재빨리 분별했습니다. 그들을 향하여 임박한 진노로부터 빨리 도망치라는 경고가 주어졌습니다. 이에 그들은 회개의 합당한 열매를 맺을 긴급한 필요가 있었습니다. 그들은 하나님 앞에 자신을 낮추어야 했습니다. 자신들의 교만한 위선과 자기 의를 버려야 했습니다. 자신들의 죄를 고백하는 진정한 죄인의 자리를 차지해야 했습니다. 그들에게 요한은 다음과 같이 선포했습니다:

9속으로 아브라함이 우리 조상이라고 생각하지 말라 내가 너희에게 이르노니 하나님이 능히 이 돌들로도 아브라함의 자손이 되게 하시리라 10이미 도끼가 나무 뿌리에 놓였으니 좋은 열매를 맺지 아니하는 나무마다 찍혀 불에 던져지리라

사도행전 1장에서 부활하신 주님께서 제자들 가운데 계신 것을 봅니다.

⁴사도와 함께 모이사 그들에게 분부하여 이르시되 예루살렘을 떠나지 말고 내게서 들은 바 아버지께서 약속하신 것을 기다리라 ⁵요한은 물로 침례를 베풀었으나 너희는 몇 날이 못되어 성령으로 침례를 받으리라 하셨느니라(행 1:4-5)

요한은 그리스도께서 성령과 불로써 이스라엘에게 침례를 베풀 것이라고 선언했는 데, 여기서 주님은 제자들이 성령으로만 침례를 받을 것이라고 말씀하십니다. 왜 이런 것일까요? 왜 예수님은 "불"이라는 단어를 생략하신 것입니까? 이에 대한 간단한 대답은 성경에서 불은 언제나 하나님의 심판과 관련되어 있다는 것입니다. 이에 사도행전 1장에서 주님이 "불"이란 단어를 생략하신 이유는 분명합니다.

주님은 심판이 아니라 은혜로 다루실 것이기 때문입니다. 또한 마태가 특별히 "불"이란 단어를 삽입한 것도 동일한 이유로 분명합니다. 왜냐하면, 마태복음은 본질적으로 시대적 경륜을 다루는 복음이기에, 마지막 시대의 상태를 많이 알려주고자 합니다. 하나님은 아직 거듭난 이스라엘을 불로써 침례를 베풀지 않으셨습니다. 이 "불"이라는 것은 야곱의 환란의 시대 즉 대환란 시대의 심판을 말하는 것입니다.

손에 키를 들고 자기의 타작 마당을 정하게 하사 알곡은 모아 곳간에 들이고
쭉정이는 꺼지지 않는 불에 태우시리라(마 3:12)

거부당하신 메시야는 손을 키를 들고 곡식을 까불으실 것입니다. 앞의 구절은 "불"의 침례를 아주 명백하게 정의해 줍니다.

부활하신 주님께서 제자들에게 "성령의 침례"에 대해 말할 때 불에 대한 단어를 생략하신 것은 마가복음이 침례 요한의 메세지를 전할 때 또한

불이라는 단어를 생략하는 것에서 더 힘을 얻고 의미의 중요성을 발견하게 됩니다.

7그가 전파하여 이르되 나보다 능력 많으신 이가 내 뒤에 오시나니 나는 굽혀 그의 신발끈을 풀기도 감당하지 못하겠노라 8나는 너희에게 물로 침례를 베풀었거니와 그는 너희에게 성령으로 침례를 베푸시리라(막 1: 7, 8)

왜 이런 것입니까? 앞에서 지적했듯이, 불은 잘 알려진 하나님의 심판의 상징입니다. 그리스도를 여호와의 종으로 제시하고 있는 마가는 명백하게 성령의 인도를 받고 있습니다. 마가는 "불"이라는 단어를 생략합니다. 왜냐하면 종은 심판을 행하지 않기 때문입니다.

"불로 침례를 베푼다"라는 구절은 누가복음에서 발견됩니다. 이것은 또한 아주 중요합니다. 누가는 그리스도를 인자로 제시합니다. 요한복음 5장 27절입니다.

또 인자됨으로 말미암아 심판하는 권한을 주셨느니라(요 5:27)

마태복음과 누가복음에는 "불로 (침례를 베풀다)"라는 구절이 포함되어 있고 마가복음에는 이러한 구절이 생략되어 있다는 사실이, 하나님의 말씀이 기록될 때에 성령의 감동으로 기록되었다는 것을 보여주는 놀라운 일입니다.

마태복음 3장의 마지막 구절은 예수께서 놀라운 은혜로 믿음을 가진 이스라엘의 남은 자들과 함께 하심을 보여줍니다.

이 때에 예수께서 갈릴리로부터 요단 강에 이르러 요한에게 침례를

받으려 하시니(마 3:13)

침례 요한은 처음에는 너무 놀라서 예수님에게 침례 베풀기를 거절했습니다. 사람들 중에 가장 선한 사람일지라도, 하나님이 하시는 일들의 의미를 거의 알 수가 없습니다.

요한이 말려 이르되 내가 당신에게서 침례를 받아야 할 터인데 당신이
내게로 오시나이까(마 3:14)

한 번 더 주목해서 살펴보십시오. 마태는 유일하게 사복음서 저자들 가운데 예수님이 침례요한으로부터 침례받으시는 놀라운 장면을 기록합니다. 예수님이 가지시는 이스라엘 왕으로서의 왕적 위엄과 이스라엘의 메시야로서의 장엄하심을 이 시점에 드러내는 것이 적절하기 때문일 것입니다. 예수님이 받으신 침례의 의미와 중요성에 관해서는 지금은 길게 다루지 않겠습니다. 이 시점에서는, 그리스도께서는 당신의 백성을 대신하여 죽으시기 위해 하늘에서 내려오신 분으로 계시되었다고 말하는 것으로 충분합니다. 따라서 공생애 초기에 그분은 자신이 대표하는 사람들과 자신을 동일시하셨습니다. 그리고 죽음을 의미하는 자리로 내려가셨습니다. 성령이 그에게 강림하심으로 그가 참 메시야 곧 기름 부음 받은 자임을 증거하셨습니다(cf. 행 10:38). 하늘로부터의 성부 하나님의 음성은 그리스도의 완전함을 증거했고 또한 예수님이 그가 하시고자 하는 사명의 적합하신 분임도 증거했습니다.

마태복음 4장의 전반부는 주님의 시험을 기록하고 있습니다. 그 이후에 다음 구절입니다:

¹²예수께서 요한이 잡혔음을 들으시고 갈릴리로 물러가셨다가 ¹³나사렛을 떠나 스불론과 납달리 지경 해변에 있는 가버나움에 가서 사시니(마 4:12-13)

그리고 이것은 이사야의 예언이 성취되게 하기 위함입니다.

이 때부터 예수께서 비로소 전파하여 이르시되
회개하라 천국이 가까이 왔느니라 하시더라(마 4:17)

"그때부터"라는 말은 "침례 요한이 옥에 갇힌 그 때부터"를 의미합니다. 침례 요한의 메시지는 "회개하라 천국이 가까왔느니라(마 3:2)"였고, 이제 예수님 앞서 길을 예비한 자가 투옥되므로, 메시야도 같은 메세지 즉 하나님 나라를 선포하십니다. 이에 따라 성경은 다음과 같이 말합니다:

예수께서 온 갈릴리에 두루 다니사 그들의 회당에서 가르치시며 천국 복음을
전파하시며 백성 중의 모든 병과 모든 약한 것을 고치시니(마 4:23)

주님께서 행하신 치유의 기적은 단순히 자신의 능력의 과시나 긍휼의 표현이 아니라 주님의 설교와 가르침에 대한 보완이었습니다. 그러한 기적의 가장 큰 가치는 가르침에 대한 증명, 증거였습니다. 흔히 "표징"이라고 불리는 이러한 기적들은 예수님이 메시아이심을 증명하는 필수적인 부분을 형성했습니다. 이러한 것들은 마태복음 11장에서 명백히 입증되었습니다. 침례 요한은 감옥에 갇혔을 때, 예수님의 메시야에 대한 그의 믿음이 흔들렸고, 그래서 자신의 제자 중 두 사람을 예수님에게 보내면서 다음과 같이 질문했습니다.

²요한이 옥에서 그리스도께서 하신 일을 듣고 제자들을 보내어 ³예수께 여짜오되
오실 그이가 당신이오니이까 우리가 다른 이를 기다리오리이까(마 11:2-3)

이에 답하신 예수님의 응답을 주의깊게 살펴보아야 합니다.

⁴예수께서 대답하여 이르시되 너희가 가서 듣고 보는 것을 요한에게 알리되 ⁵맹인이 보며 못 걷는 사람이 걸으며 나병환자가 깨끗함을 받으며 못 듣는 자가 들으며 죽은 자가 살아나며 가난한 자에게 복음이 전파된다 하라(마 11:4-5)

주님은 두 가지로 호소하셨습니다. 하나는 그의 가르침이고 또 다른 하나는 치유의 기적이었습니다. 이 두 가지는 다시 9장 35절에서 함께 연결되어 있습니다.

예수께서 모든 도시와 마을에 두루 다니사 그들의 회당에서 가르치시며 천국복음을 전파하시며 모든 병과 모든 약한 것을 고치시니라(마 9:35)

그리고 또한 주님께서 열두 제자를 보내실 때입니다.

⁵예수께서 이 열둘을 내보내시며 명하여 이르시되 이방인의 길로도 가지 말고 사마리아인의 고을에도 들어가지 말고 ⁶오히려 이스라엘 집의 잃어버린 양에게로 가라 ⁷가면서 전파하여 말하되 천국이 가까이 왔다 하고 ⁸병든 자를 고치며 죽은 자를 살리며 나병환자를 깨끗하게 하며 귀신을 쫓아내되 너희가 거저 받았으니 거저 주라(마 10:5-8)

그러므로 치유의 기적은 하나님 나라의 증거와 불가분의 관계가 있었습니다. 그것들은 메시아가 분별하지 못하는 바리새인과 사두개인을 책망한 "시대의 표적" 중에서 가장 중요한 것이었습니다(참조 마 16:1-3). 메시아가 이 땅에 재림할 때 유사한 치유의 기적이 반복될 것입니다. 이사야 35장 4-6절입니다.

⁴겁내는 자들에게 이르기를 굳세어라, 두려워하지 말라, 보라 너희 하나님이 오사 보복하시며 갚아 주실 것이라 하나님이 오사 너희를 구하시리라 하라 ⁵그 때에 맹인의 눈이 밝을 것이며 못 듣는 사람의 귀가 열릴 것이며 ⁶그 때에 저는 자는 사슴 같이 뛸 것이며 말 못하는 자의 혀는 노래하리니 이는 광야에서 물이 솟겠고 사막에서 시내가 흐를 것임이라(사 35:4-6)

마태는 사복음서 저자 중 유일하게 천국복음을 주님께서 전파하신다고 언급하고 있습니다. 그리고 마태는 유일하게 열두제자가 이스라엘 집의 잃어버린 양에게 보내졌다고 언급합니다. 천국이 가까이 왔습니다. 이것은 아주 의미심장합니다. 그리고 이것은 신약성경의 첫 장들의 독특한 유대적 성격을 다시 한 번 나타냅니다! 이러한 치유의 기적의 결과로 메시아의 명성은 온 땅에 퍼졌고 많은 무리가 그를 따랐습니다. 이 시점에 주님이 이제 선포하시기 시작하셨습니다.

¹예수께서 무리를 보시고 산에 올라가 앉으시니 제자들이 나아온지라 ²입을 열어 가르쳐 이르시되 (마 5:1-2)

필자는 여기서 잠시 멈추고 산상수훈을 살펴보고 싶은 유혹을 느낍니다. 성경에서 산상 수훈이라는 중요하지만 많은 오해를 받고 있는 부분입니다. 하지만 필자는 이 책의 주된 의도에서 벗어나지 않고자 합니다. 요약적으로 몇 가지만 설명하고자 합니다.

첫째, 마태복음 5-7장에 기록된 산상수훈은 마태복음의 고유한 것이며 다른 세 복음서에는 없는 것입니다. 이것은 마태복음의 산상수훈이 마태복음의 첫 부분에 있다는 사실과 함께 마태복음의 세대적 의미를 나타내기에 충분합니다.

둘째, 산상수훈이 전파된 장소는 그 범위에 대한 또 다른 열쇠를 제공합니다. 그것은 "산"에서 전파되었습니다. 예수께서 산에 오르셨을 때 그분은 일반적인 지면보다 높이 오르셨고, 이는 상징적인 행동으로 보좌에 앉으신 것이었습니다.

마태복음 5장 1절은 17장 1절과 비교해야 합니다. 메시야께서 변모하시는 곳은 산이었습니다. 그 놀라운 장면에서 우리는 인자가 자기 나라로 오는 것(마 16:28 참조)에 대한 축소판과 장엄함을 볼 수 있습니다.

> 진실로 너희에게 이르노니 여기 서 있는 사람 중에 죽기 전에 인자가 그 왕권을
> 가지고 오는 것을 볼 자들도 있느니라(마 16:28)

> 예수께서 감람 산 위에 앉으셨을 때에 제자들이 조용히 와서 이르되 우리에게
> 이르소서 어느 때에 이런 일이 있겠사오며 또 주의 임하심과 세상 끝에는
> 무슨 징조가 있사오리이까(마 24:3)

마태복음 24장 3절에는 그리스도의 놀라운 예언이 시작하는 데 그 예언도 산에서 선포하십니다. 그리스도의 왕국이 세워지기 직전에 그 땅의 상태가 어떠한 지 말씀해 주셨습니다. 예수께서 영광의 보좌에 앉으실 때에 어떠한 일이 벌어질 지를 말씀해 주셨습니다. 이 구절들과 방금 말한 것을 확고히 하는 구약의 다른 두 구절과 비교해야 합니다. 스가랴 14장 4절입니다:

> 그 날에 그의 발이 예루살렘 앞 곧 동쪽 감람 산에 서실 것이요 감람 산은
> 그 한 가운데가 동서로 갈라져 매우 큰 골짜기가 되어서 산 절반은 북으로,
> 절반은 남으로 옮기고(슥 14:4)

위의 구절은 그리스도께서 당신의 왕국을 세우기 위해 이 땅에 재림하

시는 것을 의미합니다. 시편 2편에서 그것을 저지하려는 땅의 통치자들의 노력에 대한 응답으로 하나님은 다음과 같이 말씀하십니다:

> 내가 나의 왕을 내 거룩한 산 시온에 세웠다 하시리로다 (시 2:6)

산상 수훈은 왕의 선언문을 말합니다. 그것은 예수님의 왕국의 헌법을 담고 있습니다. 그것은 그 나라에 들어갈 사람들의 특징들을 정의해 줍니다. 그것은 그 나라의 백성들이 그 나라에 합당하게 되면서 겪는 경험들에 대해서 알려 줍니다. 산상수훈은 하나님의 백성들의 행동을 규율하는 법을 선언합니다. 이것을 선포하시는 왕의 권위는 "내가 너희에게 이르노니"라는 구절이 14번 이상 반복된 것에서 볼 수 있습니다. 이 산상수훈을 들은 사람들이 받은 영향은 그것을 끝마치는 구절에서 분명히 볼 수 있습니다.

> 28예수께서 이 말씀을 마치시매 무리들이 그의 가르치심에 놀라니 29이는 그 가르치시는 것이 권위 있는 자와 같고 그들의 서기관들과 같지 아니함일러라(마 7:28, 29)

마태복음에서 매우 뚜렷하게 나타나는 그리스도의 권위(왕과 관련하여 가장 두드러진 특징)를 드러내는 또 다른 증거는 천사들에 대한 그분의 명령에서 볼 수 있습니다. 왕과 관련하여 발견되는 한 가지 특징은 많은 신하들이 왕을 시중들고 그들이 왕으로 받은 명령을 수행한다는 것입니다. 다윗의 자손과 관련하여 이러한 것들을 볼 수 있습니다. 마태복음 13장 41절입니다:

> 인자가 그 천사들을 보내리니 그들이 그 나라에서 모든 넘어지게 하는 것과 또 불법을 행하는 자들을 거두어 내어(마 13:41)

여기에서의 천상의 종들은 단순히 "그 천사들"이라고 칭해진 것이 아니라, "그의 천사들"이라고 불립니다. 즉 메시야의 천사들입니다. 메시야의 왕국과 관련하여 그들이 파견되었습니다. 마태복음 24장 30, 31절입니다:

30그 때에 인자의 징조가 하늘에서 보이겠고 그 때에 땅의 모든 족속들이 통곡하며 그들이 인자가 구름을 타고 능력과 큰 영광으로 오는 것을 보리라 31그가 큰 나팔소리와 함께 천사들을 보내리니 그들이 그의 택하신 자들을 하늘 이 끝에서 저 끝까지 사방에서 모으리라(마 24: 30, 31)

또한 마태복음 26장 53절입니다:

너는 내가 내 아버지께 구하여 지금 열두 군단 더 되는 천사를 보내시게 할 수 없는 줄로 아느냐(마 26:53)

특히 주목해야 할 것은 마태복음만이 이러한 특징을 언급한다는 것입니다. 그리스도의 왕적 위엄에 대한 또 다른 증거들을 말해보도록 하겠습니다. 잘 알려진 바와 같이, 왕은 신하들이 그에게 바치는 경의로 존경을 받습니다. 이에 마태복음에서 예수님을 자주 다윗의 자손으로 묘사하고, 사람들이 그 앞에 엎드려 경배하는 것에 놀랄 필요가 없습니다.

마가복음, 누가복음, 요한복음에서 각각 한 번만 예수님이 경배를 받으시는 구절을 볼 수 있지만, 마태복음에서는 열 번 이상 등장합니다. 다음 구절을 참조하십시오. 마태 2:2,8,11; 8:2; 9:18; 14:33; 15:25; 20:20; 28:9,17.

마태복음 10장을 살펴보고자 합니다. 8장과 9장에서는 예수께서 행하신 특별한 이적으로 말미암아 그가 왕되심을 증명하셨습니다.

> 예수께서 그의 열두 제자를 부르사 더러운 귀신을 쫓아내며 모든 병과 모든 약한 것을 고치는 권능을 주시니라(마 10:1)

마태복음 10장 1절에는 마태, 마가, 누가복음 각각에 기록된 사건이 있습니다. 바로 열두제자를 택하시고 파송하신 사건입니다. 그러나 마태복음에는 다른 곳에서는 찾아볼 수 없는 몇 가지 특징적인 것이 있습니다. 마태복음에서만 제자들을 파송하시면서 다음과 같은 명령을 내리십니다.

5예수께서 이 열둘을 내보내시며 명하여 이르시되 이방인의 길로도 가지 말고 사마리아인의 고을에도 들어가지 말고 6오히려 이스라엘 집의 잃어버린 양에게로 가라(마 10:5-6)

위의 구절은 마태복음에서는 완벽하게 적절하지만 다른 복음서에서는 전혀 맞지 않았을 것입니다. 또한 주님께서 "가서 전파하여 말하되 천국이 가까왔느니라"고 덧붙이신 것을 주목하십시오. 이러한 표현은 마태복음이 보여주는 시대적 경륜과 너무나도 잘 연결됩니다. 이스라엘 집의 잃어버린 양에게만 천국이 가까왔다고 말해야 했습니다!

마태복음 12장은 메시아가 이스라엘과 단절되기 전에 행하신 가장 놀라운 기적을 기록했습니다. 그것은 귀신 들린 사람, 벙어리와 눈먼 사람을 고치는 것이었습니다. 누가도 같은 기적을 기록하지만, 이러한 놀라운 일을 목격한 사람들에게 미친 영향을 설명하면서 마태는 누가가 생략한 어떤 것을 언급하는데, 이것은 마태복음의 특별한 의도를 놀랍게 예시합니다. 이와 평행되는 본문인 누가복음 11장 14절입니다.

예수께서 한 말 못하게 하는 귀신을 쫓아내시니 귀신이 나가매 말 못하는 사람이 말하는지라 무리들이 놀랍게 여겼으나(눅 11:14)

누가는 여기에서 멈추었습니다. 그러나 마태는 추가적으로 더 언급합니다.

무리가 다 놀라 이르되 이는 다윗의 자손이 아니냐 하니(마 12:23)

이와 같이 성령의 인도하심 아래에서 마태복음의 중심주제가 그리스도의 왕권을 드러내는 것임을 다시 볼 수 있습니다. 마태복음 13장에는 신비한 형태로 하나님 나라에 대한 일곱가지 비유가 있습니다.

첫째는 잘 알려진 씨 뿌리는 사람의 비유입니다. 씨와 흙의 비유입니다. 마가와 누가도 같은 내용을 기록하고 있지만 세부적인 사항에서는 특징적인 차이가 있습니다. 그리스도께서 해석하신 한 지점에서 우리는 주의를 기울여야 합니다. 마가복음 4장 14절입니다.

뿌리는 자는 말씀을 뿌리는 것이라(막 4:14)

누가복음 8장 11절입니다.

이 비유는 이러하니라 씨는 하나님의 말씀이요(눅 8:11)

그러나 마태는 자신이 펼치는 주제와 조화를 이루며 다음과 같이 말합니다.

18그런즉 씨 뿌리는 비유를 들으라 19아무나 천국 말씀을 듣고 깨닫지 못할 때는

악한 자가 와서 그 마음에 뿌려진 것을 빼앗나니 이는 곧 길 가에 뿌려진 자요(마 13:18, 19)

이것은 사소한 부분이지만, 아주 작은 세부 사항까지 성경의 완전함을 드러내주고 있습니다. 이것은 성경을 단순히 어떤 한 사람이나, 어떤 무리의 사람들이 쓴 것이 아니라는 것이 명확합니다. 많은 사람들이 "주의 성도들아, 그의 탁월한 말씀에 대한 너희 믿음의 기초가 얼마나 굳건히 놓여졌는가!"라고 노래합니다.

마태복음 15장에는 가나안 여인이 귀신 들린 딸을 대신하여 그리스도께 나아온 잘 알려진 사건이 있습니다. 마가도 같은 내용을 언급하지만, 마태가 지적한 몇 가지 구별되는 특징을 생략합니다. 마가와 마태의 내용을 비교해서 보시기 바랍니다.

25이에 더러운 귀신 들린 어린 딸을 둔 한 여자가 예수의 소문을 듣고 곧 와서 그 발 아래에 엎드리니 26그 여자는 헬라인이요 수로보니게 족속이라 자기 딸에게서 귀신 쫓아내 주시기를 간구하거늘 27예수께서 이르시되 자녀로 먼저 배불리 먹게 할지니 자녀의 떡을 취하여 개들에게 던짐이 마땅치 아니하니라 28여자가 대답하여 이르되 주여 옳소이다마는 상 아래 개들도 아이들이 먹던 부스러기를 먹나이다 29예수께서 이르시되 이 말을 하였으니 돌아가라 귀신이 네 딸에게서 나갔느니라 하시매(막 7:25-29)

22가나안 여자 하나가 그 지경에서 나와서 소리 질러 이르되 주 다윗의 자손이여 나를 불쌍히 여기소서 내 딸이 흉악하게 귀신 들렸나이다 하되 23예수는 한 말씀도 대답하지 아니하시니 제자들이 와서 청하여 말하되 그 여자가 우리 뒤에서 소리를 지르오니 그를 보내소서 24예수께서 대답하여 이르시되 나는 이스라엘 집의 잃어버린 양 외에는 다른 데로 보내심을 받지 아니하였노라 하시니 25여자가 와서 예수께 절하며 이르되 주여 저를 도우소서 26대답하여 이르시되 자녀의 떡을 취하여 개들에게 던짐이 마땅하지 아니하니라 27여자가 이르되 주여 옳소이다마는 개들도 제 주인의 상에서 떨어지는 부스러기를 먹나이다 하니 ²⁸이에 예수께서 대답하여 이르시되 여자여 네 믿음이 크도다 네 소원대로 되리라 하시니 그 때로부터 그의 딸이 나으니라(마 15:22-28)

마태복음 16장의 서두 부분에는 바리새인과 사두개인들이 그리스도께 나아와 어떻게 그리스도를 시험하고 하늘로부터 오는 표적을 그들에게 보여 주기를 바라는 내용이 나옵니다. 마가복음과 누가복음도 이 내용을 언급합니다. 하지만 마태복음 16장 2, 3절에서 주님께서 대답하신 내용은 기록하지 않고 있습니다.

²예수께서 대답하여 이르시되 너희가 저녁에 하늘이 붉으면 날이 좋겠다 하고 ³아침에 하늘이 붉고 흐리면 오늘은 날이 궂겠다 하나니 너희가 날씨는 분별할 줄 알면서 시대의 표적은 분별할 수 없느냐(마 16:2-3)

시대의 징조는 메시아에 관한 구약의 예언의 성취되는 것이었습니다. 예수님이 참으로 약속된 분이라는 모든 증거가 이스라엘에게 주어졌습니다. 예수님은 예언된 장소인 베들레헴에서 처녀의 몸에서 태어났습니다. 이사야가 예언한 대로 그 분 앞에 온 자는 그 분의 길을 예비하였습니다. 또한 선지자가 예언한대로 그 분은 놀라운 일들을 행하셨습니다. 그러나 유대인들은 그들의 교만과 독선 때문에 눈이 멀었습니다. 마태만이 메시야에 관한 이러한 "시대의 징조"을 언급한 것은 마태복음의 독특한 유대적 성격에 대한 또 다른 증거입니다.

마태복음 16장 18절과 18장 17절에서 "교회"는 두 번 언급됩니다. 사복음서 저자 중 마태가 유일하게 교회를 직접적으로 언급합니다. 많은 사람들이 이에 어리둥절하게 했지만 설명은 아주 간단합니다. 앞서 지적했듯이, 마태복음서의 큰 목적은 그리스도께서 자신을 유대인들에게 어떻게 나타내셨는지, 유대인들이 어떻게 예수님을 그들의 메시야로 받아들이는 데 거절했는지, 그리고 이것의 결과가 무엇이었는가를 보여주는 것이었습니다. 그리고 이러한 결과로 하나님께서 잠시 이스라엘을 제쳐두시고 그의 주권적인 은혜가 이방인들에게 향하였고 자신의 이름을 위하여 그들을 세상에서 끄집어 내셨습니다. 따라서 우리는 이렇게 하나님의 경륜의 시대에 교회가 어떻게, 그리고 왜 유대교 신정 체제를 대체했는지 알수 있습니다.

마태복음 20장에는 한 주인이 나가서 자기 포도원에 일꾼을 고용하고 하루 한 데나리온을 주기로 합의한 비유가 기록되어 있습니다. 마태는 사복음서 저자 중 이러한 비유를 언급한 유일한 전도자이며 그의 복음서에서 그 비유가 차지하는 위치는 표면적으로도 분명합니다. 그것은 그리스도 나라의 특징을 드러냅니다. 이 비유는 종말의 때가 어떠할 지를 말해줍니다. 일꾼들이 자신들의 삯을 받으러 왔을 때, 그들 사이에는 불평이 있었습니다. 왜냐하면 늦게 와서 11시에 와서 일한 사람이나 일찍와서 하루 종일 일한 사람이랑 동일한 삯을 받았기 때문입니다. 포도원 주인은 불만을 품은 일꾼들에게 그들이 받기로 합의한 대로 각자에게 지불했음을 상기시킨 다음, "내 소유로 내가 하고 싶은 대로 하는 것이 옳지 않느냐?"라고 질문했습니다. 따라서 주권자이신 그분은 자신이 기뻐하시는 대로 지불할 권리를 주장하셨으며 이로 인해 아무에게도 잘못된 것이 없습니다.

마태복음 22장에는 왕의 아들의 혼인 잔치 비유가 나옵니다. 이것과 매우 유사한 비유가 누가복음에 나오는데, 그들 사이에는 유사한 점이 많지만 눈에 띄는 차이점 또한 있습니다. 누가복음 14장 16절입니다.

이르시되 어떤 사람이 큰 잔치를 베풀고 많은 사람을 청하였더니(눅 14:16)

반면에 마태복음 22장 2절은 다음과 같이 말합니다:

천국은 마치 자기 아들을 위하여 혼인 잔치를 베푼 어떤 임금과 같으니(마 22:2)

마태복음에서는 이 비유를 끝내면서 누가복음에는 없는 내용으로 마무리합니다.

11임금이 손님들을 보러 들어올새 거기서 예복을 입지 않은 한 사람을 보고 12이르되 친구여 어찌하여 예복을 입지 않고 여기 들어왔느냐 하니 그가 아무 말도 못하거늘 13임금이 사환들에게 말하되 그 손발을 묶어 바깥 어두운 데에 내던지라 거기서 슬피 울며 이를 갈게 되리라 하니라(마 22:11-13)

이것이 어떻게 왕의 권위를 드러내는가는 거의 지적할 필요가 없습니다. 마태복음 25장 전체가 이 첫 번째 복음서의 특징입니다. 이 장의 전체 내용을 살펴볼 수는 없지만, 31절에서 46절에 기록된 내용을 중심으로 살펴보고자 합니다.

31인자가 자기 영광으로 모든 천사와 함께 올 때에 자기 영광의 보좌에 앉으리니 32모든 민족을 그 앞에 모으고 각각 구분하기를 목자가 양과 염소를 구분하는 것 같이 하여 33양은 그 오른편에 염소는 왼편에 두리라 34 그 때에 임금이 그 오른편에 있는 자들에게 이르시되 내 아버지께 복 받을 자들이여 나아와 창세로부터 너희를 위하여 예비된 나라를 상속받으라 35내가 주릴 때에 너희가 먹을 것을 주었고 목마를 때에 마시게 하였고 나그네 되었을 때에 영접하였고 36헐벗었을 때에 옷을 입혔고 병들었을 때에 돌보았고 옥에 갇혔을 때에 와서 보았느니라 37이에 의인들이 대답하여 이르되 주여 우리가 어느 때에 주께서 주리신 것을 보고 음식을 대접하였으며 목마르신 것을 보고 마시게 하였나이까 38어느 때에 나그네 되신 것을 보고 영접하였으며 헐벗으신 것을 보고 옷 입혔나이까 39어느 때에 병드신 것이나 옥에 갇히신 것을 보고 가서 뵈었나이까 하리니 40임금이 대답하여 이르시되 내가 진실로 너희에게 이르노니 너희가 여기 내 형제 중에 지극히 작은 자 하나에게 한 것이 곧 내게 한 것이니라 하시고 [41]또 왼편에 있는 자들에게 이르시되 저주를 받은 자들아 나를 떠나 마귀와 그 사자들을 위하여 예비된 영원한 불에 들어가라 [42]내가 주릴 때에 너희가 먹을 것을 주지 아니하였고 목마를 때에 마시게 하지 아니하였고 [43]나그네 되었을 때에 영접하지 아니하였고 헐벗었을 때에 옷 입히지 아니하였고 병들었을 때와 옥에 갇혔을 때에 돌보지 아니하였느니라 하시니 [44]그들도 대답하여 이르되 주여 우리가 어느 때에 주께서 주리신 것이나 목마르신 것이나 나그네 되신 것이나 헐벗으신 것이나 병드신 것이나 옥에 갇히신 것을 보고 공양하지 아니하더이까 [45]이에 임금이 대답하여 이르시되 내가 진실로 너희에게 이르노니 이 지극히 작은 자 하나에게 하지 아니한 것이 곧 내게 하지 아니한 것이니라 하시리니 [46]그들은 영벌에, 의인들은 영생에 들어가리라 하시니라(마 25:31-46)

위의 내용은 사복음서의 다른 곳에서는 찾을 수 없으며 여기에 그 내용이 있다는 마태복음이 가지는 의도, 설계 즉 디자인의 또 다른 증거입니다. 여기서의 본문은 인자가 그의 영광의 보좌에 앉으시는 것을 묘사합니다. 그분앞에 모든 나라들이 모여들고 그들은 두 부류로 나뉘어 집니다. 각각 그 분의 오른편과 왼편으로 나뉘어 집니다. 그 사람들에게 말하실 때 성경은 "이에 그 왕이 말씀하시길"이라고 말합니다(34절, 40절).

마태만이 기록한 주 예수 수난에 관한 내용들이 많이 있습니다. 마태복음 26장 59, 60절입니다.

[59]대제사장들과 온 공회가 예수를 죽이려고 그를 칠 거짓 증거를 찾으매 [60]거짓 증인이 많이 왔으나 얻지 못하더니 후에 두 사람이 와서

숫자 2 는 진리를 확립하기 위해 법이 요구하는 최소한의 숫자입니다. 두 사람의 증인이 마태복음에서 아주 자주 발견되는 것은 흥미로운 일입니다. 마태복음 8장 28절입니다.

또 예수께서 건너편 가다라 지방에 가시매 귀신 들린 자 둘이

무덤 사이에서 나와 예수를 만나니 그들은 몹시 사나워
아무도 그 길로 지나갈 수 없을 지경이더라(마 8:28)

마가복음 5장 1,2절과 비교해 보십시오.

¹예수께서 바다 건너편 거라사인의 지방에 이르러 ²배에서 나오시매 곧 더러운
귀신 들린 사람이 무덤 사이에서 나와 예수를 만나니라

마태복음 9장 27절입니다.

예수께서 거기에서 떠나가실새 두 맹인이 따라오며 소리 질러 이르되 다윗의
자손이여 우리를 불쌍히 여기소서 하더니

마가복음 10장 46절과 비교하십시오.

그들이 여리고에 이르렀더니 예수께서 제자들과 허다한 무리와 함께 여리고에서
나가실 때에 디매오의 아들인 맹인 거지 바디매오가 길 가에 앉았다가

마태복음 11장 2절입니다.

요한이 옥에서 그리스도께서 하신 일을 듣고 제자들을 보내어 (개역개정)

KJV 마 11:2 Now when John had heard in the prison the works of Christ, he
sent two of his disciples

요한은 두 제자들을 보내었습니다. 마태복음 27장 24절에서는 그리스
도가 의로운 분이라는 빌라도의 증언을 볼 수 있습니다.

빌라도가 아무 성과도 없이 도리어 민란이 나려는 것을 보고 물을 가져다가 무리 앞에서 손을 씻으며 이르되 이 사람의 피에 대하여 나는 무죄하니 너희가 당하라

또한 마태복음 27장 19절에서 그의 아내가 말한 내용도 있습니다.

총독이 재판석에 앉았을 때에 그의 아내가 사람을 보내어 이르되 저 옳은 사람에게 아무 상관도 하지 마옵소서 오늘 꿈에 내가 그 사람으로 인하여 애를 많이 태웠나이다 하더라

이러한 내용들은 위에 언급된 다른 구절들과 마찬가지로 마태복음에서만 발견됩니다. 마태복음 26장 63-64절입니다.

63예수께서 침묵하시거늘 대제사장이 이르되 내가 너로 살아 계신 하나님께 맹세하게 하노니 네가 하나님의 아들 그리스도인지 우리에게 말하라 64예수께서 이르시되 네가 말하였느니라 그러나 내가 너희에게 이르노니 이 후에 인자가 권능의 우편에 앉아 있는 것과 하늘 구름을 타고 오는 것을 너희가 보리라 하시니

이에 유대인들은 다음과 같이 외칩니다.

백성이 다 대답하여 이르되 그 피를 우리와 우리 자손에게 돌릴지어다 하거늘
(마 27:25)

마태는 이스라엘이 메시야가 죽은 후에도 적의를 추구하고 있음을 알려 주는 유일한 사람입니다(마 27:62-64 참조).

62그 이튿날은 준비일 다음 날이라 대제사장들과 바리새인들이 함께 빌라도에게 모여 이르되 63주여 저 속이던 자가 살아 있을 때에 말하되 내가 사흘 후에 다시 살아나리라 한 것을 우리가 기억하노니 64그러므로 명령하여 그 무덤을 사흘까지 굳게 지키게 하소서 그의 제자들이 와서 시체를 도둑질하여 가고 백성에게 말

하되 그가 죽은 자 가운데서 살아났다 하면 후의 속임이 전보다 더 클까 하나이다 하니

마태복음의 마지막 장도 똑같이 인상적입니다. 마태는 그리스도의 승천에 대해서는 전혀 언급하지 않습니다. 이것 역시 마태복음의 주제와 범위에 완벽하게 일치합니다. 메시야가 아직 이 땅에 있는 동안 휘장이 내려왔습니다. 다위의 자손이신 메시야가 영광 중에서 통치하시면서 아직 하늘에 있지 않습니다. 마태복음 28장 18절입니다.

예수께서 나아와 말씀하여 이르시되 하늘과 땅의 모든 권세를 내게 주셨으니

권세는 왕의 극명한 표시입니다. 마지막 구절은 적절한 결론을 형성합니다. 제자들은 그리스도께서 산에 계신 것을 봅니다. 거기서 예수님은 제자들에게 명령하시고 임무를 맡기시고 가서 열방을 제자를 삼으라고 명령하십니다. 그리고 위로의 확신을 심어주십니다.

내가 너희에게 분부한 모든 것을 가르쳐 지키게 하라 볼지어다 내가 세상
끝날까지 너희와 항상 함께 있으리라 하시니라(마 28:20)

제2장
마가복음

마가복음은 성격과 범위면에서 마태복음과 크게 차이가 있습니다. 두 복음서 사이의 대조는 뚜렷하고 많습니다. 마태복음은 28장, 마가복음은 16장입니다. 마태복음은 비유가 많지만 마가복음은 적습니다. 마태는 그리스도를 다윗의 자손으로 묘사하고 마가는 그분을 겸손하지만 완전하신 여호와의 종으로 묘사합니다. 마태복음은 유대인을 위해 특별히(배타적이지 않음) 고안된 반면, 마가는 특별히 기독교 사역자들에게 적합합니다. 마태는 그리스도의 왕적 위엄과 권위를 설명하는 반면에, 마가는 그분의 겸손과 온유함을 보여줍니다. 마태는 예수님을 이스라엘을 시험하는 분으로 묘사하고, 마가는 그분이 선택받은 백성을 섬기는 모습을 보여줍니다. 이것이 의심할 여지없이 마가복음이 신약의 두 번째 책이라는 한 가지 이유입니다. 마가복음은 마태복음과 마찬가지로 구약의 하나님의 백성과 관련하여 그를 보고 있습니다. 누가복음은 인류와 관련하여 그리스도를 바라봄으로 보다 넓은 범위를 가지고 있습니다. 요한복음에서 예수님은 믿음의 가정과 영적으로 관련이 있는 하나님의 아들로 나타나십니다. 마가복음의 내용을 좀 더 자세히 살펴보면 다음과 같은 사실을 알 수 있습니다.

I. 마가의 복음에서 생략된 것들

1. 거장 예술가의 솜씨는 그가 그림에서 발견됩니다. 이에 반해 아마추어는 캔버스에 있는 모든 빈 공간을 그저 채우는 수준입니다. 이에 분별력이 있는 눈은 성경의 여러 곳에서 포함되고 생략되는 다양한 것들을 통하여 성령님이 하시는 일을 당장에 알아차릴 수 있습니다. 마가복음의 경우가 특별히 그러합니다. 마가복음은 마태복음에서와 같이 시작 부분에 족보를 찾을 수 없습니다. 기적적인 잉태도 생략되고 예수님의 탄생에 대한 언급이 전혀 없습니다. 전체적인 복음이 기록되었지만 거기에는 구주의 탄생에 대한 언급이 없다고 생각하시면 됩니다. 언뜻 보기에는 이것은 어리둥절해 보이지만, 약간만 숙고해도 마가에게 예수님의 출생에 대해 아무 말도 하지 않도록 지시한 하나님의 지혜를 확신할 수 있습니다. 사복음서 각각의 특별한 설계나 의도가 무엇인지 알게 되면 우리는 복음서 각각의 개별적인 완성도를 더 잘 이해할 수 있게 됩니다. 그리스도의 탄생은 마가복음의 범위에 속하지 않고 그의 족보에 대한 기록도 여기에 속하지 않았습니다. 마가는 그리스도를 여호와의 종으로 제시하고 있습니다. 이에 우리가 종을 대할 때에 그 종에 대한 족보나 출생에 대해서 중요하게 생각하지 않습니다. 이러한 것들이 하나님이 성경의 저자라는 것을 잘 증명해 주고 있습니다. 마태가 족보를 생략하고 마가는 삽입했다면 각 복음서의 통일성은 깨졌을 것입니다.

창조주께서 몸의 각 기관을 가능한 한 가장 지혜로운 곳에 두신 것처럼, 성령님도 성경에 있는 각 책(살아있는 유기체의 각 지체)과 세부 사항을 가장 적절한 곳에 두도록 인도하셨습니다. 같은 이유로 마가복음에서는 족보가 생략되었고, 동방박사의 방문도 기록되어 있지 않습니다. 종은 경배를 받는 사람이 아니기 때문입니다. 마가는 또한 누가가 그리스도께서 예루살렘 성전에서 열두 살짜리 소년이셨을 때와 그 후 나사렛으로 돌아가서 계속해서 부모에게 복종했다고 말한 내용을 생략합니다. 왜냐하면, 이러한 부분들은 예수님의 인성과 관련된 부분이지 그 분의 종되심과는 관련이 없기 때문입니다.

2. 마가복음에는 산상수훈이 없습니다. 마태복음은 산상수훈에 대해 세 장 전체를 할애했지만 마가복음은 그것을 전혀 기록하지 않았지만, 산상수훈의 가르침 중 일부는 마가복음 안에서의 다른 연결에서 찾을 수 있습니다. 그러면 우리는 왜 이 중요한 그리스도의 말씀인 산상수훈이 마가복음에서 생략되었는지에 대해서 물을 수 있습니다. 그 대답은 산상수훈의 성격과 디자인에서 찾아야 합니다. 앞에서 지적했듯이, 산상 수훈에는 왕의 선언문이 들어 있습니다. 산상수훈은 그리스도의 나라의 법을 제시하고 그 나라의 백성이 될 사람들의 품성을 설명해 줍니다. 그러나 마가는 그리스도를 하나님의 완전한 일꾼으로 제시하고 있으며 종은 왕국도 없고 법도 세우지 않습니다. 이에 마태복음에는 산상수훈이 있는 것이 적절하고, 마가복음에는 그것이 제외되는 것이 하나님의 지혜입니다.

3. 마가복음은 마태복음보다 비유를 적게 기록합니다. 마가복음에는 비유가 네 개 뿐이지만, 마태복음에는 적어도 14개가 있습니다. 마가복음은 포도원을 위해 일꾼을 고용하고 자신의 소유를 자신이 원하는 대로 할 권리가 있다고 주장하는 집주인에 관한 비유를 말하지 않습니다. 왜냐하면 마가복음에서의 예수님은 하나님의 종으로서 그분은 다른 사람들을 고용하는 자리가 아니라 일꾼의 자리에 계시기 때문입니다.

마가는 왕의 아들의 결혼 비유에 대한 모든 언급을 생략했는데, 그 비유의 마지막에는 예복을 입지 않은 사람들에게 결박되어 바깥 어두움에 던지라는 명령을 볼 수 있습니다. 그런데 그러한 것은 종의 특권이 아닙니다. 마가복음에서는 또한 모든 달란트 비유가 생략되었습니다. 왜냐하면 하나님의 종으로서 그는 달란트를 사용하는 것에 대한 보상도 주지 않으시기 때문입니다. 마태복음에 있는 이러한 비유들과 다른 많은 것들이 마가복음에서는 제외되었는 데, 이는 각 복음서의 미세한 완전함을 이끌어내기 위함입니다.

4. 마가복음에는 그리스도께서 명령하시는 것에 대해서 아무런 언급이 없습니다. 예수께서 천사를 파송하고 자신의 명령을 수행하도록 하는 권리에 대해 전혀 말하지 않습니다. 대신에 "천사들이 그를 섬겼다(막 1:13)"라는 구절을 볼 수 있습니다.

5. 마가복음에서 예수님은 이스라엘에 대한 심판도 않으시고 다른 복음서에서처럼 예루살렘에 대한 선고도 하지 않으십니다. 마태복음 23장에서 다윗의 자손이신 분은 가장 엄숙한 일곱 배의 "재앙, 화"를 말하십니다.

[15]화 있을진저 외식하는 서기관들과 바리새인들이여 너희는 교인 한 사람을 얻기 위하여 바다와 육지를 두루 다니다가 생기면 너희보다 배나 더 지옥 자식이 되게 하는도다 [16]화 있을진저 눈 먼 인도자여 너희가 말하되 누구든지 성전으로 맹세하면 아무 일 없거니와 성전의 금으로 맹세하면 지킬지라 하는도다(마 23:15-16)

그러나 이러한 구절들은 마가복음에서 발견할 수 없습니다. 그 이유는 분명합니다. 다른 사람을 판단하는 것은 종의 몫이 아닙니다. 주의 종의 본분은 아래와 같습니다.

주의 종은 마땅히 다투지 아니하고 모든 사람에 대하여 온유하며 가르치기를
잘하며 참으며(딤후 2:24)

주님께서 성전을 정결케 하시는 것과 관련하여 이와 동일한 특성을 발견할 수 있습니다. 마태복음 21장 12절입니다:

예수께서 성전에 들어가사 성전 안에서 매매하는 모든 사람들을 내쫓으시며 돈 바꾸는 사람들의 상과 비둘기 파는 사람들의 의자를 둘러 엎으시고(마 21:12)

바로 뒤이은 21장 17절입니다.

그들을 떠나 성 밖으로 베다니에 가서 거기서 유하시니라(마 21:17)

그러나 마가복음에는 단순히 다음과 같이 기록합니다.

예수께서 예루살렘에 이르러 성전에 들어가사 모든 것을 둘러 보시고 때가 이미 저물매 열두 제자를 데리시고 베다니에 나가시니라(막 11:11)

마가는 분명히 같은 사건에 대해 쓰고 있습니다. 마가는 주님께서 성전에 들어가신다는 말은 하고 거기에서 매매하는 자들을 쫓아내시고 상을 엎으시는 일에 대해서는 아무 말도 하지 않습니다. 이러한 생략과 누락은 참으로 놀라운 일입니다. 메시야이자 왕으로서 예수께서 더럽혀진 성전을 정결케 하는 것은 합당하지만 종의 지위나 성품에 있어서는 어울리지 않는 일이었을 것입니다!

6. 마가복음에서 또한 아주 많은 신성한 칭호가 생략된 것이 아주 중요합니다. 마가복음에서 예수님은 조롱을 당하실 때에를 제외하고는 왕으로 불리시지 않습니다. 마가복음에는 마태복음의 다음과 같은 구절이 없습니다.

보라 처녀가 잉태하여 아들을 낳을 것이요 그의 이름은 임마누엘이라 하리라
하셨으니 이를 번역한즉 하나님이 우리와 함께 계시다 함이라(마 1:23)

마가복음에서 예수님은 다윗의 자손이라고 한 번만 언급됩니다. 마가복음에서 성령께서 이것을 어떻게 피하셨는지 관찰하는 것은 매우 인상적입니다. 예루살렘으로의 승리의 입성과 관련하여 사람들의 환호성을 기록할 때 마태는 다음과 같이 기록했습니다.

앞에서 가고 뒤에서 따르는 무리가 소리 높여 이르되 호산나 다윗의 자손이여
찬송하리로다 주의 이름으로 오시는 이여 가장 높은 곳에서 호산나 하더라
(마 21:9)

하지만 마가는 다음과 같이 기록합니다.

9앞에서 가고 뒤에서 따르는 자들이 소리 지르되 호산나 찬송하리로다 주의 이름으로 오시는 이여 10찬송하리로다 오는 우리 조상 다윗의 나라여 가장 높은 곳에서 호산나 하더라(막 11:9, 10)

이와 같이 마가복음에서는 하나님의 종이 다윗의 자손으로 환영받지 못했다는 것을 알 수 있습니다. 이와 함께 일주일 전에 예수께서 변화산에서 있었던 말씀을 살펴보겠습니다.

진실로 너희에게 이르노니 여기 서 있는 사람 중에 죽기 전에 인자가 그 왕권을
가지고 오는 것을 볼 자들도 있느니라(마 16:28)

그런데 마가복음에서는 주님이 제자들에게 이렇게 말씀하십니다.

또 그들에게 이르시되 내가 진실로 너희에게 이르노니 여기 서 있는 사람 중에는 죽기 전에 하나님의 나라가 권능으로 임하는 것을 볼 자들도 있느니라 하시니라 (막 9:1)

이것은 아주 중요한 사항입니다. 마가복음에서 말하는 것은 그리스도 자신의 나라가 아니라 단순히 하나님의 나라입니다. 마가복음의 그리스도의 칭호와 관련하여 가장 주목할만한 것은 다른 복음서의 평행 구절에서 그가 "주(Lord)"로 칭해질 때 마가복음에서는 주로 "선생, 주인(Master)"로 칭해지십니다. 예를 들면 마태복음 8장 25절입니다.

그 제자들이 나아와 깨우며 이르되 주여 구원하소서 우리가 죽겠나이다(마 8:25)

이에 반해 마가복음은 다음과 같이 기록합니다.

예수께서는 고물에서 베개를 베고 주무시더니 제자들이 깨우며 이르되 선생님이여 우리가 죽게 된 것을 돌보지 아니하시나이까 하니(막 4:38)

예수께서는 임박한 죽음에 대해서 말씀하신 후에, 마태는 이렇게 기록합니다.

베드로가 예수를 붙들고 항변하여 이르되 주여 그리 마옵소서 이 일이 결코 주께 미치지 아니하리이다(마 16:22)

그런데 마가복음은 다음과 같이 기록하고 멈춥니다.

드러내 놓고 이 말씀을 하시니 베드로가 예수를 붙들고 항변하매(막 8:32)

변화산에서 베드로를 마태는 이렇게 기록했습니다.

베드로가 예수께 여쭈어 이르되 주여 우리가 여기 있는 것이 좋사오니 만일 주께서 원하시면 내가 여기서 초막 셋을 짓되 하나는 주님을 위하여, 하나는 모세를 위하여, 하나는 엘리야를 위하여 하리이다(마 17:4)

그러나 마가는 다음과 같이 말합니다.

베드로가 예수께 고하되 랍비여 우리가 여기 있는 것이 좋사오니 우리가 초막 셋을 짓되 하나는 주를 위하여, 하나는 모세를 위하여, 하나는 엘리야를 위하여 하사이다 하니(막 9:5)

예수께서 열두 제자 중 한 사람이 자신을 팔 것에 대해서 마태는 다음과 같이 말합니다.

그들이 몹시 근심하여 각각 여짜오되 주여 나는 아니지요(마 26:22)

그러나 마가는 다음과 같이 말합니다.

그들이 근심하며 하나씩 하나씩 나는 아니지요 하고 말하기 시작하니(막 14:19)

위의 예들은 제시될 수 있는 몇 가지 예에 불과하지만 마가복음의 놀랍고 가장 적절한 특징을 이끌어내기에 충분하다고 생각합니다.

7. 마가복음에서 생략한 주님의 고난과 관련된 다양한 상황과 사건을 주목하는 것은 매우 흥미롭고 유익합니다. 마태복음에서는 주님은 "나와 함께 깨어 있으라"라고 하셨습니다.

이에 말씀하시되 내 마음이 매우 고민하여 죽게 되었으니 너희는 여기 머물러
나와 함께 깨어 있으라 하시고(마 26:38)

하지만 마가복음은 조금 다릅니다.

말씀하시되 내 마음이 심히 고민하여 죽게 되었으니 너희는 여기 머물러
깨어 있으라 하시고(막 14:34)

왜냐하면 종은 자신이 위로받기 위해 하나님에게만 향하기 때문입니다.
그리고 마가복음에서는 하늘에서 천사가 나타나 주님을 강하게 하고 돕
는 다는 내용이 없습니다. 왜냐하면 종으로서 주님은 하나님에게서만 힘
을 얻으시기 때문입니다. 마가복음에서는 빌라도가 말한 "나는 그에게서
아무런 잘못도 찾지 못하였다"라는 언급이 없으며, 빌라도의 아내가 남편
에게 "이 의로운 사람과 상관하지 말라"라고 조언한 이야기도 없으며, 가
룻 유다가 제사장들에게 돌아와서 "나는 무고한 피를 흘렸습니다"라고
말한 내용도 없습니다. 왜냐하면 종은 자신의 정당함을 위해 오직 하나님
만을 바라보아야 하기 때문입니다. 마가복음에서는 그리스도께서 십자가
처형의 장소로 끌려가시는 동안 여자들이 뒤따르며 통곡했다는 내용이
생략되어 있습니다.

또 백성과 및 그를 위하여 가슴을 치며 슬피 우는 여자의
큰 무리가 따라오는지라(눅 23:27)

왜냐하면 고난받는 하나님의 종은 종종 다른 사람들의 동정을 받지 못
하기 때문입니다. 죽어가던 강도가 하던 말인, "주님, 당신의 나라에 임하
실 때에 나를 기억하소서"는 마가복음에서 생략되었습니다. 왜냐하면 마

가복음에서 그리스도는 "주"나 "나라"를 가진 분으로 제시되지 않기 때문입니다. "다 이루었다"는 십자가에서 주님께서 외치신 의기양양한 외침도 마가복음에는 생략되어 있습니다. 역시나 언뜻 보기에는 이러한 것들이 이상해 보이지만 조금만 숙고하면 그것을 배제한 하나님의 지혜를 발견하게 될 것입니다. 자신의 일이 끝났다고 말하는 것은 종의 몫이 아니라 하나님이 결정하실 일입니다.

II. 마가복음의 특징

1. 마가복음은 다른 복음과 상당히 다른 방식으로 열립니다. 마태복음, 누가복음, 요한복음에는 장문의 서론이라고 부를 수 있는 내용이 있지만 마가복음에는 전혀 다릅니다. 마태는 그리스도의 족보, 그분의 탄생, 동방박사들의 방문과 경배, 애굽으로의 도피, 그 후의 나사렛에서의 귀환과 체류를 기록하고 있습니다. 그분의 침례와 시험에 대해 자세히 설명하고 있으며, 4장의 끝에 도달할 때까지는 그분의 공적 사역에 도달하지 못합니다.

누가복음은 침례 요한의 혈통에 관한 몇 가지 흥미로운 세부적인 사항으로 책을 시작합니다. 예수께서 탄생 이전에 있었던 천사와 마리아 사이의 일을 자세히 설명합니다. 마리아의 아름다운 노래를 기록합니다. 예수께서 탄생하셨을 때 천사가 베들레헴의 목자들을 방문한 것을 알려줍니다. 성전에서 어린 예수가 가르치신 것을 말해줍니다. 이외에 또한 다른 많은 것들을 이야기합니다. 4장에 이르러서야 주님의 공적사역이 시작됩니다.

요한복음에서도 마찬가지입니다. 요한복음에는 먼저 육신이 되신 분의 신성한 영광을 설명하는 긴 프롤로그가 있습니다. 이어 침례 요한이 예수님의 신성한 위엄에 대해서 증언합니다. 그런 다음 침례 요한이 누구인지 묻기 위해 예루살렘에서 파견된 대표단이 요한을 방문한 내용이 나옵니다. 마지막으로, 침례 요한이 그리스도를 하나님의 어린양으로 증거한 것이 있습니다. 이러한 모든 내용은 그리스도께서 자신의 첫 번째 제자를 부르시기 전에 있습니다.

그러나 마가복음의 시작은 완전히 다릅니다. 마가복음에는 침례 요한과 그의 증언에 대한 간략한 내용이 있습니다. 그리스도의 침례와 그가 받으신 유혹에 대해서 간략한 내용만 있습니다. 이어 마가복음 1장 14절의 내용입니다.

요한이 잡힌 후 예수께서 갈릴리에 오셔서 하나님의 복음을 전파하여(막 1:14)

마가복음이 말하는 그리스도의 생애의 처음 30년은 조용히 지나갔고, 그리스도가 공생애를 시작하시는 것으로 마가복음이 바로 시작됩니다. 마가는 실제적으로 섬기시는 그리스도를 나타냅니다.

2. 마가복음 1장 1절은 매우 인상적입니다.

하나님의 아들 예수 그리스도의 복음의 시작이라(막 1:1)

마가복음에서는 마태복음에서와 같이 "왕국의 복음"이 아니라 "예수 그리스도의 복음"임을 주목하십시오. "하나님의 아들 예수 그리스도의 복음"을 덧붙인다는 것은 얼마나 의미심장한 일입니까? 이와 같이 성령께서는 "종"으로서의 그리스도께서 비천한 자리를 차지하시는 그곳에서 그분의 신성한 영광을 지키셨습니다. 또한 "복음(Gospel)"이라는 이 단어는 다른 어떤 사복음서보다 마가복음에서 훨씬 더 자주 발견된다는 점에 유의해야 합니다.

"복음"이라는 단어는 마태, 마가, 누가, 요한 등 사복음에서 모두 열두 번 등장합니다. 이 중에 마가복음에 최소한 8번 이상 등장합니다. 이 말은 마가복음을 제외한 나머지 세 복음서를 합친 것보다 두배 이상 많이 등장한다는 것입니다. 그 이유는 분명합니다. 여호와의 종으로서 주 예수는 좋은 소식의 전달자, 기쁜 소식의 전령이었습니다! 오늘날 하나님의 모든 종들이 참으로 마음에 새겨야 할 교훈입니다!

  3. 마가복음에서 아주 자주 나타나는 또 다른 특징적인 용어는 헬라어로 "유테오스(Eutheos)"인데 그 의미는 "곧, 바로, 즉시" 등으로 다양하게 번역됩니다. 마가복음 1장에서 등장하는 구절들을 살펴보겠습니다.

10곧 물에서 올라오실새 하늘이 갈라짐과 성령이 비둘기 같이 자기에게 내려오심을 보시더니

12성령이 곧 예수를 광야로 몰아내신지라

19조금 더 가시다가 세베대의 아들 야고보와 그 형제 요한을 보시니 그들도 배에 있어 그물을 깁는데

20곧 부르시니 그 아버지 세베대를 품꾼들과 함께 배에 버려 두고 예수를 따라가니라

21그들이 가버나움에 들어가니라 예수께서 곧 안식일에 회당에 들어가 가르치시

매

²⁹회당에서 나와 곧 야고보와 요한과 함께 시몬과 안드레의 집에 들어가시니

³¹나아가사 그 손을 잡아 일으키시니 열병이 (곧) 떠나고 여자가 그들에게 수종드니라

⁴³곧 보내시며 엄히 경고하사

전체적으로 이 단어는 마가복음에 40번 이상 나옵니다. 이 단어는 하나님의 종이 어떻게 섬겼는 지를 보여줌으로써 온전함을 드러내는 가장 암시적이고 표현적인 용어입니다. 그리스도는 섬기시는 데에 꾸물거림이 없었습니다. 그는 하나님의 일에 늘 직진하셨습니다. 그는 지체하지 않으시고, 자신에게 주어진 일을 곧 바로 수행하셨습니다. 이 말씀은 그리스도가 행하신 섬김의 신속성과 그분의 사명의 긴급성에 대해 알려 줍니다. 예수님은 그가 하신 모든 일에 물러섬이 없었고, 꺼림이 없었고, 게으름이 없었습니다. 대신에 즉각적으로 행하셨습니다. 우리는 예수께서 우리에게 남기신 이 완전한 본을 배울 수 있습니다.

4. 마가복음에서의 많은 장들이 시작하는 방식은 우리가 주의 깊게 살펴볼 가치가 있습니다.

수 일 후에 예수께서 다시 가버나움에 들어가시니 집에 계시다는
소문이 들린지라(막 2:1)

KJV Mark 2:1 And again he entered into Capernaum after some days; and it was noised that he was in the house.

2 And straightway many were gathered together, insomuch that there was no room to receive them, no, not so much as about the door: and he

preached the word unto them.

3 And they come unto him, bringing one sick of the palsy, which was borne of four.

4 And when they could not come nigh unto him for the press, they uncovered the roof where he was: and when they had broken it up, they let down the bed wherein the sick of the palsy lay.

5 When Jesus saw their faith, he said unto the sick of the palsy, Son, thy sins be forgiven thee.

6 But there were certain of the scribes sitting there, and reasoning in their hearts,

7 Why doth this man thus speak blasphemies? who can forgive sins but God only?

8 And immediately when Jesus perceived in his spirit that they so reasoned within themselves, he said unto them, Why reason ye these things in your hearts?

9 Whether is it easier to say to the sick of the palsy, Thy sins be forgiven thee; or to say, Arise, and take up thy bed, and walk?

10 But that ye may know that the Son of man hath power on earth to forgive sins, (he saith to the sick of the palsy,)

11 I say unto thee, Arise, and take up thy bed, and go thy way into thine house.

12 And immediately he arose, took up the bed, and went forth before them all; insomuch that they were all amazed, and glorified God, saying, We never saw it on this fashion.

13 And he went forth again by the sea side; and all the multitude resorted unto him, and he taught them.

14 And as he passed by, he saw Levi the son of Alphaeus sitting at the receipt of custom, and said unto him, Follow me. And he arose and followed him.

15 And it came to pass, that, as Jesus sat at meat in his house, many

publicans and sinners sat also together with Jesus and his disciples: for there were many, and they followed him.

16 And when the scribes and Pharisees saw him eat with publicans and sinners, they said unto his disciples, How is it that he eateth and drinketh with publicans and sinners?
17 When Jesus heard it, he saith unto them, They that are whole have no need of the physician, but they that are sick: I came not to call the righteous, but sinners to repentance.

18 And the disciples of John and of the Pharisees used to fast: and they come and say unto him, Why do the disciples of John and of the Pharisees fast, but thy disciples fast not?

19 And Jesus said unto them, Can the children of the bridechamber fast, while the bridegroom is with them? as long as they have the bridegroom with them, they cannot fast.

20 But the days will come, when the bridegroom shall be taken away from them, and then shall they fast in those days.

21 No man also seweth a piece of new cloth on an old garment: else the new piece that filled it up taketh away from the old, and the rent is made worse.

22 And no man putteth new wine into old bottles: else the new wine doth burst the bottles, and the wine is spilled, and the bottles will be marred: but new wine must be put into new bottles.

23 And it came to pass, that he went through the corn fields on the sabbath day; and his disciples began, as they went, to pluck the ears of corn.

24 And the Pharisees said unto him, Behold, why do they on the sabbath day that which is not lawful?

25 And he said unto them, Have ye never read what David did, when he had need, and was an hungred, he, and they that were with him?

26 How he went into the house of God in the days of Abiathar the high priest, and did eat the shewbread, which is not lawful to eat but for the priests, and gave also to them which were with him?

27 And he said unto them, The sabbath was made for man, and not man

for the sabbath:

28 Therefore the Son of man is Lord also of the sabbath.

예수께서 다시 회당에 들어가시니 한쪽 손 마른 사람이 거기 있는지라(막 3:1)

KJV Mark 3:1 And he entered again into the synagogue; and there was a man there which had a withered hand.

2 And they watched him, whether he would heal him on the sabbath day; that they might accuse him.

3 And he saith unto the man which had the withered hand, Stand forth.

4 And he saith unto them, Is it lawful to do good on the sabbath days, or to do evil? to save life, or to kill? But they held their peace.

5 And when he had looked round about on them with anger, being grieved for the hardness of their hearts, he saith unto the man, Stretch forth thine hand. And he stretched it out: and his hand was restored whole as the other.

6 And the Pharisees went forth, and straightway took counsel with the Herodians against him, how they might destroy him.

7 But Jesus withdrew himself with his disciples to the sea: and a great multitude from Galilee followed him, and from Judaea,

8 And from Jerusalem, and from Idumaea, and from beyond Jordan; and they about Tyre and Sidon, a great multitude, when they had heard what great things he did, came unto him.

9 And he spake to his disciples, that a small ship should wait on him because of the multitude, lest they should throng him.

10 For he had healed many; insomuch that they pressed upon him for to touch him, as many as had plagues.

11 And unclean spirits, when they saw him, fell down before him, and cried, saying, Thou art the Son of God.

12 And he straitly charged them that they should not make him known.

13 And he goeth up into a mountain, and calleth unto him whom he would: and they came unto him.

14 And he ordained twelve, that they should be with him, and that he might send them forth to preach,

15 And to have power to heal sicknesses, and to cast out devils:

16 And Simon he surnamed Peter;

17 And James the son of Zebedee, and John the brother of James; and he surnamed them Boanerges, which is, The sons of thunder:

18 And Andrew, and Philip, and Bartholomew, and Matthew, and Thomas, and James the son of Alphaeus, and Thaddaeus, and Simon the Canaanite,

19 And Judas Iscariot, which also betrayed him: and they went into an house.

20 And the multitude cometh together again, so that they could not so much as eat bread.

21 And when his friends heard of it, they went out to lay hold on him: for they said, He is beside himself.

22 And the scribes which came down from Jerusalem said, He hath Beelzebub, and by the prince of the devils casteth he out devils.

23 And he called them unto him, and said unto them in parables, How can Satan cast out Satan?

24 And if a kingdom be divided against itself, that kingdom cannot stand.

25 And if a house be divided against itself, that house cannot stand.

26 And if Satan rise up against himself, and be divided, he cannot stand, but hath an end.

27 No man can enter into a strong man's house, and spoil his goods, except he will first bind the strong man; and then he will spoil his house.

28 Verily I say unto you, All sins shall be forgiven unto the sons of men,

and blasphemies wherewith soever they shall blaspheme:

29 But he that shall blaspheme against the Holy Ghost hath never forgiveness, but is in danger of eternal damnation:

30 Because they said, He hath an unclean spirit.

31 There came then his brethren and his mother, and, standing without, sent unto him, calling him.

32 And the multitude sat about him, and they said unto him, Behold, thy mother and thy brethren without seek for thee.

33 And he answered them, saying, Who is my mother, or my brethren?

34 And he looked round about on them which sat about him, and said, Behold my mother and my brethren!

35 For whosoever shall do the will of God, the same is my brother, and my sister, and mother.

예수께서 다시 바닷가에서 가르치시니 큰 무리가 모여들거늘 예수께서 바다에 떠 있는 배에 올라 앉으시고 온 무리는 바닷가 육지에 있더라(막 4:1)

[1]예수께서 바다 건너편 거라사인의 지방에 이르러 [2]배에서 나오시매 곧 더러운 귀신 들린 사람이 무덤 사이에서 나와 예수를 만나니라(막 5:1-2)

마가복음은 전체 장에 걸쳐서 "kai(and)"가 엄청나게 나옵니다(역자 주). 이것은 사소해 보이지만, 아주 독특한 것입니다. 필자가 마가복음의 이러한 특징을 처음 관찰한 지 10년이 넘었습니다. 그 이후로 다양한 종류의 수백 권의 책을 읽었지만 인간이 쓴 단 한 권의 책도 "그리고"라는 단어로 한 장이 시작하는 책을 보지 못했습니다. 여러분의 서재에 가지고 있는 책들을 가지고도 테스트해 보십시오. 그러나 마가복음에는 "그리고" 로 시작되는 장이 12개나 있습니다.

"그리고"는 우리가 알고 있듯이 두 개의 다른 품사를 연결하는 접속사입니다. 그것은 두 개 이상의 것을 함께 연결하는 것입니다. 그러므로 그리스도의 섬김은 접속사 "그리고"가 의미하는 것으로 특징지어집니다. 다시 말해서 예수님의 섬김은 중단 없이 하나의 완성적이고 완전한 것이었습니다. 주님은 정말 우리와 너무나도 차원이 틀리신 분이십니다. 여러분과 우리의 것과는 너무나도 엇갈리는 일입니다. 우리는 잠시 동안 하나님을 섬기다가 느슨해지고, 일시적으로 중지하고, 멈춤이 있습니다. 이후에 다시 시작하기 전에 잠시 활동을 멈춥니다. 그러나 그리스도는 그렇지 않습니다. 그리스도의 섬김은 끊어짐이나 흠이 없는 완전한 행위의 연속이었습니다. 접속사 "그리고"는 그리스도의 섬김을 특징짓는 것으로 끊임없는 활동을 말합니다. "그리고"는 그리스도가 하신 수고의 연속성을 말해 줍니다. 또한 성부 하나님도 졸지도 아니하시고 주무시지도 않으신다고 했습니다(역자 주).

접속사 "그리고"는 예수께서 "때를 얻든지 못얻든지" 어떻게 하셨는가를 우리에게 보여줍니다. 그것은 예수께서 선을 행하시는 데 결코 싫증나지 않으셨음을 보여줍니다. 하나님의 은혜로 인해 "그리고"가 예수님을 위한 우리의 섬김에서 더 중요한 위치를 차지하게 되기를 바랍니다.

5. 앞 부분에서 필자는 마가복음이 마태복음보다 더 적은 비유를 기록하고 있다는 점을 지적했습니다. 또한 누가복음과 관련해서도 그러합니다. 그러나 다른 한편으로 마가복음은 다른 복음서들 보다 더 많은 기적과 기사를 묘사합니다. 이것은 또한 마가복음의 계획과 범위와 일치합니다. 비유가 주님의 가르침의 사역이라면, 이적들은 예수님의 아주 활발한 사역의 측면의 모습입니다. 섬김은 가르치는 것보다 행동이며, 말하는 것보다 행하는 것으로 구성됩니다. 그런데 우리는 아주 자주 손으로 일하지 아

니하고 입술로 더 일합니다. 우리는 크게 말을 하고 작게 행동을 합니다. 마가는 비유를 딱 네 개만 기록하고 있습니다. 각각의 비유는 직접적으로 섬김과 관련하여 가장 중요한 일이었습니다.

첫 번째는 씨 뿌리는 비유입니다. 이것은 주님을 말씀을 가지고 가시는 분으로 묘사합니다(막 4:3-20).

3들으라 씨를 뿌리는 자가 뿌리러 나가서 4뿌릴새 더러는 길 가에 떨어지매 새들이 와서 먹어 버렸고 5더러는 흙이 얇은 돌밭에 떨어지매 흙이 깊지 아니하므로 곧 싹이 나오나 6해가 돋은 후에 타서 뿌리가 없으므로 말랐고 7더러는 가시떨기에 떨어지매 가시가 자라 기운을 막으므로 결실하지 못하였고 8더러는 좋은 땅에 떨어지매 자라 무성하여 결실하였으니 삼십 배나 육십 배나 백 배가 되었느니라 하시고 9또 이르시되 들을 귀 있는 자는 들으라 하시니라 10예수께서 홀로 계실 때에 함께 한 사람들이 열두 제자와 더불어 그 비유들에 대하여 물으니 11이르시되 하나님 나라의 비밀을 너희에게는 주었으나 외인에게는 모든 것을 비유로 하나니 12이는 그들로 보기는 보아도 알지 못하며 듣기는 들어도 깨닫지 못하게 하여 돌이켜 죄 사함을 얻지 못하게 하려 함이라 하시고 13또 이르시되 너희가 이 비유를 알지 못할진대 어떻게 모든 비유를 알겠느냐 14뿌리는 자는 말씀을 뿌리는 것이라 15말씀이 길 가에 뿌려졌다는 것은 이들을 가리킴이니 곧 말씀을 들었을 때에 사탄이 즉시 와서 그들에게 뿌려진 말씀을 빼앗는 것이요 16또 이와 같이 돌밭에 뿌려졌다는 것은 이들을 가리킴이니 곧 말씀을 들을 때에 즉시 기쁨으로 받으나 17그 속에 뿌리가 없어 잠깐 견디다가 말씀으로 인하여 환난이나 박해가 일어나는 때에는 곧 넘어지는 자요 18또 어떤 이는 가시떨기에 뿌려진 자니 이들은 말씀을 듣기는 하되 19세상의 염려와 재물의 유혹과 기타 욕심이 들어와 말씀을 막아 결실하지 못하게 되는 자요 20좋은 땅에 뿌려졌다는 것은 곧 말씀을 듣고 받아 삼십 배나 육십 배나 백 배의 결실을 하는 자니라(막 4:3-20)

두 번째 비유는 땅에 뿌린 씨에 대한 비유입니다. 그 씨는 곧 자라서 처음에는 싹이요 다음에는 이삭이요 그 다음에는 이삭에 곡식이 가득 차 수확을 하게 됩니다(막 4:26-29).

26또 이르시되 하나님의 나라는 사람이 씨를 땅에 뿌림과 같으니 27그가 밤낮 자고 깨고 하는 중에 씨가 나서 자라되 어떻게 그리 되는지를 알지 못하느니라 28땅이 스스로 열매를 맺되 처음에는 싹이요 다음에는 이삭이요 그 다음에는 이삭에 충실한 곡식이라 29열매가 익으면 곧 낫을 대나니 이는 추수 때가 이르렀음이라 (막 4:26-29)

세 번째 비유는 겨자씨 비유입니다(막 4:30-32).

30또 이르시되 우리가 하나님의 나라를 어떻게 비교하며 또 무슨 비유로 나타낼까 31겨자씨 한 알과 같으니 땅에 심길 때에는 땅 위의 모든 씨보다 작은 것이로되 32심긴 후에는 자라서 모든 풀보다 커지며 큰 가지를 내나니 공중의 새들이 그 그늘에 깃들일 만큼 되느니라(막 4:30-32)

네 번째는 주인의 종들을 학대하고 사랑하는 아들을 죽이는 악한 자들에 대한 비유입니다(12:1-9).

1예수께서 비유로 그들에게 말씀하시되 한 사람이 포도원을 만들어 산울타리로 두르고 즙 짜는 틀을 만들고 망대를 지어서 농부들에게 세로 주고 타국에 갔더니 2때가 이르매 농부들에게 포도원 소출 얼마를 받으려고 한 종을 보내니 3그들이 종을 잡아 심히 때리고 거저 보내었거늘 4다시 다른 종을 보내니 그의 머리에 상처를 내고 능욕하였거늘 5또 다른 종을 보내니 그들이 그를 죽이고 또 그 외 많은 종들도 더러는 때리고 더러는 죽인지라 6이제 한 사람이 남았으니 곧 그가 사랑하는 아들이라 최후로 이를 보내며 이르되 내 아들은 존대하리라 하였더니 7그 농부들이 서로 말하되 이는 상속자니 자 죽이자 그러면 그 유산이 우리 것이 되리라 하고 8이에 잡아 죽여 포도원 밖에 내던졌느니라 9포도원 주인이 어떻게 하겠느냐 와서 그 농부들을 진멸하고 포도원을 다른 사람들에게 주리라

이와 같이 각 비유는 사역과 섬김, 봉사와 관련이 있습니다. 처음 세가지

비유는 씨를 뿌리는 것과 관련이 있고 마지막 비유는 포도원의 열매를 소작농으로부터 받으러 간 종과 관련이 있습니다.

6. 마가복음에서는 그리스도의 손이 자주 언급됩니다. 이것은 특히 예수님의 섬김을 다룬 복음서에서 적절합니다. 손이 하는 사역이라고 칭해 질 수 있습니다. 이러한 특징들이 마가복음에서 얼마나 두드러지는지는 다음 구절들을 참조함으로써 알 수 있습니다.

나아가사 그 손을 잡아 일으키시니 열병이 떠나고 여자가 그들에게 수종드니라
(막 1:31)

예수께서 불쌍히 여기사 손을 내밀어 그에게 대시며 이르시되 내가 원하노니
깨끗함을 받으라 하시니(막 1:41)

그 아이의 손을 잡고 이르시되 달리다굼 하시니 번역하면 곧 내가 네게 말하노니
소녀야 일어나라 하심이라(막 5:41)

사람들이 귀 먹고 말 더듬는 자를 데리고 예수께 나아와 안수하여 주시기를
간구하거늘(막 7:32)

이것은 얼마나 아름다운지 모릅니다. 하나님의 은혜가 그들에게 비추어, 이 사람들의 예수님의 손의 아름다움과 미덕을 알게 되었습니다.

벳새다에 이르매 사람들이 맹인 한 사람을 데리고 예수께 나아와 손 대시기를
구하거늘(막 8:22)

그들 역시 예수님의 손길의 축복과 능력을 발견했습니다.

²³예수께서 맹인의 손을 붙잡으시고 마을 밖으로 데리고 나가사 눈에 침을 뱉으시며 그에게 안수하시고 무엇이 보이느냐 물으시니 ²⁴쳐다보며 이르되 사람들이 보이나이다 나무 같은 것들이 걸어 가는 것을 보나이다 하거늘 ²⁵이에 그 눈에 다시 안수하시매 그가 주목하여 보더니 나아서 모든 것을 밝히 보는지라(막 8:23-25)

예수께서 그 손을 잡아 일으키시니 이에 일어서니라(막 9:27)

모든 신자가 자신이 그 복되신 손 안에 안전하게 안겨 있다는 사실을 아는 것은 얼마나 큰 축복입니까?(요 10:28)

7. 성령께서는 또한 마가복음에서 완전하신 종의 눈에 특별한 주의를 환기시키셨습니다. "보시는 그리스도"를 강조합니다(역자 주).

그들의 마음이 완악함을 탄식하사 노하심으로 그들을 둘러 보시고 그 사람에게 이르시되 네 손을 내밀라 하시니 내밀매 그 손이 회복되었더라(막 3:5)

예수님의 거룩하신 눈이 안식일에 손이 오그라든 사람을 고친다고 그분을 정죄하는 사람들에게 얼마나 번쩍였겠습니까!

³⁴둘러 앉은 자들을 보시며 이르시되 내 어머니와 내 동생들을 보라 ³⁵누구든지 하나님의 뜻대로 행하는 자가 내 형제요 자매요 어머니이니라(막 3:34, 35)

이번에는 예수님의 눈이 당신의 제자들에게로 향하셨으며, 그분이 돌이켜 당신을 따르기 위해 모든 것을 버린 자들을 보셨을 때 제자들에게 얼마나 사랑이 나타났겠습니까?

예수께서 돌이키사 제자들을 보시며 베드로를 꾸짖어 이르시되 사탄아 내 뒤로
물러가라 네가 하나님의 일을 생각하지 아니하고 도리어 사람의 일을
생각하는도다 하시고(막 8:33)

위의 장면에서 이것은 얼마나 감동적인 것인지 모릅니다. 예수님은 베드
로를 책망하시기 전에 먼저 돌아서서 당신의 제자들을 바라보시었습니
다. 그에게 찾아온 부자 청년 관원에 관하여는 마가복음에서만 "예수께서
그를 보시고 사랑하사(막 10:21)"라고 기록합니다. 그 순간 예수님의 눈에
는 아주 강력한 하나님의 동정심과 사랑이 빛났습니다.

예수께서 예루살렘에 이르러 성전에 들어가사 모든 것을 둘러 보시고 때가
이미 저물매 열두 제자를 데리시고 베다니에 나가시니라(막 11:11)

그 분의 눈은 아버지 하나님의 집이 훼손되는 것을 보았을 때 의로운 분
개심으로 불타올랐습니다. 마가복음의 많은 본문들이 보여주는 "보시는
그리스도"는 그의 사려깊음, 세심함 그리고 그 분의 철저함을 우리에게
알려줍니다.

III. 그리스도께서 섬기신 방식

그리스도께서 섬기신 방식을 발견하기 위해, 필자는 우리의 학습과 유익
을 위해 성령께서 여기에 기록하신 내용을 자세히 조사해야 하며, 여러분
독자들을 위해 적절한 제목으로 분류할 것입니다.

1. 그리스도는 눈에 띄지 않게 섬기셨습니다

³⁶시몬과 및 그와 함께 있는 자들이 예수의 뒤를 따라가 ³⁷만나서 이르되 모든 사람이 주를 찾나이다 ³⁸이르시되 우리가 다른 가까운 마을들로 가자 거기서도 전도하리니 내가 이를 위하여 왔노라 하시고(막 1:36-38)

이 사건은 우리 주님의 공생애 초기에 일어났습니다. 그는 몇 가지 권능을 행하셨고 많은 병자들이 고침을 받았으며 이에 예수님의 명성은 널리 퍼졌습니다. 그 결과 많은 사람들이 그분을 찾았습니다. 그는 짧은 시간 동안 인기 있는 그 시대의 우상이었습니다. 그러나 이러한 것에 대한 그분의 반응은 무엇이었습니까? 그는 변덕스러운 군중의 찬사를 받기 위해 그 장소에 계속 머무르시지 않고, 다른 곳에서 가르치고 복음을 전하시기 위하여 이동하십니다. 오늘날의 우리 자신들과 얼마나 다릅니까? 우리들은 사람들에게 열렬히 받아들여졌을 때, 감탄하는 군중의 중심이 되었을 때 우리의 바람은 그곳에 머무르는 것입니다. 그러한 환영은 육체를 기쁘게 하는 것입니다. 그것은 우리의 교만에 영향을 미칩니다. 우리는 우리가 섬기는 대중을 자랑하고 싶어합니다. 그러나 완전한 하나님의 종은 결코 인기를 구하지 않았습니다. 그 분은 그것을 피했습니다! 그리고 주님의 제자들이 와서 기쁨에 차 자부심을 가지고 주님께 "모든 사람이 주님을 찾습니다"라고 말했을 때 주님의 즉각적인 응답은 "이동하자!"였습니다. 마가복음 1장의 끝부분에서 한 문둥병자가 주님에게 깨끗함을 받습니다. 주님은 그를 보내시면서 이렇게 말씀하셨습니다.

⁴³곧 보내시며 엄히 경고하사 ⁴⁴이르시되 삼가 아무에게 아무 말도 하지 말고 가서 네 몸을 제사장에게 보이고 네가 깨끗하게 되었으니 모세가 명한 것을 드려 그들에게 입증하라 하셨더라 ⁴⁵그러나 그 사람이 나가서 이 일을 많이 전파하여 널리 퍼지게 하니 그러므로 예수께서 다시는 드러나게 동네에 들어가지 못하시고 오직 바깥 한적한 곳에 계셨으나 사방에서 사람들이 그에게로 나아오더라(막 1:43-45)

자신을 광고하기 위해 고통이나 비용을 아끼지 않는 오늘날의 많은 주님의 사역자라는 사람들과 얼마나 완전히 다른 지 모릅니다.

> 나는 사람에게서 영광을 취하지 아니하노라(요 5:41)

위와 같이 말씀하시는 분과 얼마나 다른 지 모릅니다. 그는 언제나 하나님의 영광만을 바라보며 일했습니다. 더 나아가 위의 기적 이후에도 이것이 어떻게 드러나는 지에 대해 주목하십시오. 고침을 받은 문둥병자는 그를 고쳐주신 분의 훈계를 청종치 않고 대신에 "그러나 그가 나가서 그것을 많이 퍼뜨리고 그 일을 널리 알리기 시작하였습니다." 이러한 것들이 대부분의 우리에게는 얼마나 만족시키는 일이겠습니까? 그러나 아버지의 영광만을 구하시는 그 분은 그렇지 않습니다. 나병환자의 친구와 이웃들의 감탄과 아첨의 대상이 되기 위해 고침을 받은 그 사람을 따라가는 대신에 예수님은 더 이상 공개적으로 성 안에 들어가지 못하시고 바깥 한적한 곳에 계셨습니다. 이것으로부터 우리는 배울 것이 있습니다. 하나님께서 우리를 통하여 행하신 일들을 통하여 사람들이 불타오르기 시작할 때는 우리가 이동할 때인 것입니다. 하나님 그 분만이 받아야할 영예와 영광을 받지 않기 위해서 말입니다. 마가복음 1장의 마지막 구절과 완전히 조화를 이루며 마가복음 2장이 시작합니다.

> 수 일 후에 예수께서 다시 가버나움에 들어가시니 집에 계시다는
> 소문이 들린지라(막 2:1)

고침을 받은 나병환자는 그 은총을 받은 그 가버나움 성읍에 속해 있었던 것 같습니다. 그러므로 우리는 여기서 주님께서 집 안에서 사생활과 고요함을 추구하셨다는 것을 알 수 있습니다.

집에 들어가시니 무리가 다시 모이므로 식사할 겨를도 없는지라(막 3:20)

여기에서 예수께서 이렇게 하시는 이유는 "무리가 다시 모이느니라"는 바로 다음에 나오는 말씀에서 알 수 있듯이 군중을 피하려는 것이었습니다.

무리를 떠나 집으로 들어가시니 제자들이 그 비유를 묻자온대(막 7:17)

예수님의 삶은 각광을 받기 위한 삶을 산 것이 아니고, 조용하고 눈에 띄지 않게 아버지의 뜻을 행하면서 사는 것이었습니다. "그가 무리를 떠나 집으로 들어가시니"라는 이 말은 무슨 의미입니까? 사람들의 후원을 구하고 그들의 호의를 구하는 것이 하나의 큰 목표인 것처럼 보이는 오늘날의 그리스도의 사역자들과는 얼마나 다릅니까?

집에 들어가시매 제자들이 조용히 묻자오되 우리는 어찌하여 능히 그 귀신을
쫓아내지 못하였나이까(막 9:28)

가버나움에 이르러 집에 계실새 제자들에게 물으시되 너희가 길에서 서로
토론한 것이 무엇이냐 하시되(막 9:33)

사복음서 저자 중 마가가 유일하게 "집"을 반복적으로 언급한 사람입니다. 완벽한 종의 모습을 이끌어내는 그림의 작은 선 중 하나일 뿐입니다.

마가복음 7장의 마지막 구절에서는 귀머거리와 벙어리를 회복시키신 그리스도의 기적을 볼 수 있습니다.

31예수께서 다시 두로 지방에서 나와 시돈을 지나고 데가볼리 지방을 통과하여 갈

릴리 호수에 이르시매 ³²사람들이 귀 먹고 말 더듬는 자를 데리고 예수께 나아와 안수하여 주시기를 간구하거늘 ³³예수께서 그 사람을 따로 데리고 무리를 떠나사 손가락을 그의 양 귀에 넣고 침을 뱉어 그의 혀에 손을 대시며 ³⁴하늘을 우러러 탄식하시며 그에게 이르시되 에바다 하시니 이는 열리라는 뜻이라 ³⁵그의 귀가 열리고 혀가 맺힌 것이 곧 풀려 말이 분명하여졌더라 ³⁶예수께서 그들에게 경고하사 아무에게도 이르지 말라 하시되 경고하실수록 그들이 더욱 널리 전파하니 ³⁷사람들이 심히 놀라 이르되 그가 모든 것을 잘하였도다 못 듣는 사람도 듣게 하고 말 못하는 사람도 말하게 한다 하니라(막 7:31-37)

그리고 8장에는 눈먼 사람의 치유가 기록되어 있습니다. 그 사람은 처음 주님께서 안수하셨을 때에는 희미하게 나무처럼 걷는 사람들을 분별했지만, 두 번째 안수하시자 모든 것을 분명하게 보았습니다.

²²벳새다에 이르매 사람들이 맹인 한 사람을 데리고 예수께 나아와 손 대시기를 구하거늘 ²³예수께서 맹인의 손을 붙잡으시고 마을 밖으로 데리고 나가사 눈에 침을 뱉으시며 그에게 안수하시고 무엇이 보이느냐 물으시니 ²⁴쳐다보며 이르되 사람들이 보이나이다 나무 같은 것들이 걸어 가는 것을 보나이다 하거늘 ²⁵이에 그 눈에 다시 안수하시매 그가 주목하여 보더니 나아서 모든 것을 밝히 보는지라 ²⁶예수께서 그 사람을 집으로 보내시며 이르시되 마을에는 들어가지 말라 하시니라(막 8:22-26)

마가는 이러한 기적들을 기록한 유일한 사람입니다. 그러한 기적들이 여기에 포함된 한 가지 이유는 두 가지 모두가 가지고 있는 공통적인 특징에서 볼 수 있습니다.

예수께서 그들에게 경고하사 아무에게도 이르지 말라 하시되 경고하실수록 그들이 더욱 널리 전파하니(막 7:36)

예수께서 그 사람을 집으로 보내시며 이르시되 마을에는 들어가지 말라 하시니라(막 8:26)

우리 모두에게 아주 큰 교훈입니다. 완전한 섬김은 오직 하나님께만 드리는 것입니다. 그것은 종종 사람들이 알아주지도 않고, 감사하지도 않고, 고마워하지도 않습니다. 여호와의 종이신 주님은 자신의 은혜로운 행동을 베일을 가리셨습니다.

2. 그리스도는 큰 온유함으로 섬겼습니다.

이러한 특징은 마가복음에서 아주 자주 볼 수 있습니다. 네 가지 예를 들고자 합니다. 그것들을 더 잘 이해하기 위해 마가복음의 기록을 살펴보기 전에 다른 복음서에 있는 평행의 본문구절을 먼저 인용하도록 하겠습니다.

38예수께서 일어나 회당에서 나가사 시몬의 집에 들어가시니 시몬의 장모가 중한 열병을 앓고 있는지라 사람들이 그를 위하여 예수께 구하니 39예수께서 가까이 서서 열병을 꾸짖으신대 병이 떠나고 여자가 곧 일어나 그들에게 수종드니라(눅 4:38, 39)

30시몬의 장모가 열병으로 누워 있는지라 사람들이 곧 그 여자에 대하여 예수께 여짜온대 31나아가사 그 손을 잡아 일으키시니 열병이 떠나고 여자가 그들에게 수종드니라(막 1:30, 31)

이러한 장면이 얼마나 아름다운지요? 그러한 장면은 그리스도의 섬김이 기계적인 무관심으로 수행된 단순한 형식적인 섬김이 아니라, 그분이 섬기는 사람들에게 가까이 오셨으며 동정적으로 그들의 처지에 들어갔다는 것을 우리에게 보여줍니다.

누가복음 9장에는 귀신들린 아들을 데리고 예수님께 온 아버지의 이야기가 나옵니다.

37이튿날 산에서 내려오시니 큰 무리가 맞을새 38무리 중의 한 사람이 소리 질러 이르되 선생님 청컨대 내 아들을 돌보아 주옵소서 이는 내 외아들이니이다 39귀신이 그를 잡아 갑자기 부르짖게 하고 경련을 일으켜 거품을 흘리게 하며 몹시 상하게 하고야 겨우 떠나 가나이다 40당신의 제자들에게 내쫓아 주기를 구하였으나 그들이 능히 못하더이다 41예수께서 대답하여 이르시되 믿음이 없고 패역한 세대여 내가 얼마나 너희와 함께 있으며 너희에게 참으리요 네 아들을 이리로 데리고 오라 하시니 42올 때에 귀신이 그를 거꾸러뜨리고 심한 경련을 일으키게 하는지라 예수께서 더러운 귀신을 꾸짖으시고 아이를 낫게 하사 그 아버지에게 도로 주시니 43사람들이 다 하나님의 위엄에 놀라니라(눅 9:37-43)

그러나 마가는 누가가 생략한 특징적인 구절을 그의 그림에 나타냅니다.

예수께서 그 손을 잡아 일으키시니 이에 일어서니라(막 9:27)

여호와의 완전한 종이신 그 분은 냉담한 분이 아니었습니다. 자신이 말씀으로 섬기는 사람들과 악수를 하는 것이 자신의 존엄성을 낮추는 것이라고 자기 우월감에 빠진 사람들을 얼마나 책망하시는 지 모릅니다. 어떤 사람의 손을 잡아준다는 것은 그들의 마음에 더 가까이 가신다는 것입니다. 그리스도께서 하신 것처럼 섬기도록 노력합시다.

예수께서 한 어린 아이를 불러 그들 가운데 세우시고(마 18:2)

어린 아이 하나를 데려다가 그들 가운데 세우시고 안으시며
제자들에게 이르시되(막 9:36)

13그 때에 사람들이 예수께서 안수하고 기도해 주심을 바라고 어린 아이들을 데리

고 오매 제자들이 꾸짖거늘 14예수께서 이르시되 어린 아이들을 용납하고 내게 오는 것을 금하지 말라 천국이 이런 사람의 것이니라 하시고 15그들에게 안수하시고 거기를 떠나시니라(마 19:13-15)

여기서 마가는 어떻게 한 줄을 추가했는 지 볼 수 있습니다.

13사람들이 예수께서 만져 주심을 바라고 어린 아이들을 데리고 오매 제자들이 꾸짖거늘 14예수께서 보시고 노하시어 이르시되 어린 아이들이 내게 오는 것을 용납하고 금하지 말라 하나님의 나라가 이런 자의 것이니라 15내가 진실로 너희에게 이르노니 누구든지 하나님의 나라를 어린 아이와 같이 받들지 않는 자는 결단코 그 곳에 들어가지 못하리라 하시고 16그 어린 아이들을 안고 그들 위에 안수하시고 축복하시니라(막 10:13-16)

이러한 행동은 참으로 그 분의 부드러움을 나타냅니다! 그리고 그분은 우리에게 얼마나 많은 본을 남기셨습니다.

3. 그리스도는 큰 반대를 마주하면서 섬기셨습니다

여기에서 필자는 각 구절에 대해 논평하는 대신에 마가복음의 주제의 이러한 특징들에 대한 마가의 인용을 빠르게 살펴보고자 합니다. 그러한 인용은 여기 저기에 있지만 아마도 적절한 곳에 위치에 있을 것입니다.

6어떤 서기관들이 거기 앉아서 마음에 생각하기를 7이 사람이 어찌 이렇게 말하는가 신성모독이로다 오직 하나님 한 분 외에는 누가 능히 죄를 사하겠느냐
(막 2:6, 7)

바리새인의 서기관들이 예수께서 죄인 및 세리들과 함께 잡수시는 것을 보고 그의 제자들에게 이르되 어찌하여 세리 및 죄인들과 함께 먹는가(막 2:16)

바리새인들이 예수께 말하되 보시오 저들이 어찌하여 안식일에 하지
못할 일을 하나이까(막 2:24)

하나님의 종은 오해를 받을 것을 예상해야 합니다. 비판과 반대를 받아야
합니다.

사람들이 예수를 고발하려 하여 안식일에 그 사람을 고치시는가
주시하고 있거늘(막 3:2)

사람들은 하나님의 종을 불친절한 눈으로 지켜보고 있었습니다.

바리새인들이 나가서 곧 헤롯당과 함께 어떻게 하면
예수를 멸할까 의논하니라(막3:6)

민족의 모든 파벌이 그를 반대하였습니다.

예루살렘에서 내려온 서기관들은 그가 바알세불이 지폈다 하며 또 귀신의 왕을
힘입어 귀신을 쫓아낸다 하니(막 3:22)

하나님의 종은 욕을 들을 것을 예상할 수 있습니다.

그들이 예수께 그 지방에서 떠나시기를 간구하더라(막 5:17)

사람들은 그리스도를 원하지 않았습니다. 그리스도의 증언은 예수님의
말씀을 듣는 사람들을 정죄했습니다. 오늘날의 하나님의 모든 충실한 종
들도 마찬가지 일 것입니다.

그들이 비웃더라 예수께서 그들을 다 내보내신 후에 아이의 부모와 또 자기와 함께 한 자들을 데리시고 아이 있는 곳에 들어가사(막 5:40)

그러므로 조롱과 조소를 받는 것은 새로운 것이 아닙니다. 제자가 그의 스승이 자기보다 이미 먼저 하신 일을 겪는 것은 당연하고 충분한 일입니다.

이 사람이 마리아의 아들 목수가 아니냐 야고보와 요셉과 유다와 시몬의 형제가 아니냐 그 누이들이 우리와 함께 여기 있지 아니하냐 하고 예수를 배척한지라(막 6:3)

하나님의 그리스도는 모든 사람에게 적합하지 않았습니다. 그것과는 거리가 멀었습니다.

4예수께서 그들에게 이르시되 선지자가 자기 고향과 자기 친척과 자기 집 외에서는 존경을 받지 못함이 없느니라 하시며 5거기서는 아무 권능도 행하실 수 없어 다만 소수의 병자에게 안수하여 고치실 뿐이었고 6그들이 믿지 않음을 이상히 여기셨더라(막 6:4-6)

하나님의 종은 효과적인 사역에 불리한 어떤 장소에 올 것이며, 거기에는 주님의 백성이라고 공언하는 사람들의 불신이 하나님의 영의 역사를 방해할 것입니다.

1바리새인들과 또 서기관 중 몇이 예루살렘에서 와서 예수께 모여들었다가 2그의 제자 중 몇 사람이 부정한 손 곧 씻지 아니한 손으로 떡 먹는 것을 보았더라(막 7:1-2)

그럼에도 불구하고 주 예수님은 그들의 "전통"을 존중하기를 거절하셨고 제자들이 그렇게 속박되는 것을 허락하지 않으셨습니다. 이제 하나님의 종들이 사람의 것들을 "만지지도 말고 맛보지도 말고 건드리지 말라"는 말을 무시한다면 그들은 그 결과로 그들의 허물이 될 것입니다.

바리새인들이 나와서 예수를 힐난하며 그를 시험하여 하늘로부터 오는
표적을 구하거늘(막 8:11)

마찬가지로 원수의 사절단이 이제 하나님의 종들을 얽매고 올가매려고 할 것입니다.

바리새인들이 예수께 나아와 그를 시험하여 묻되 사람이 아내를 버리는 것이
옳으니이까(막 10:2)

대제사장들과 서기관들이 듣고 예수를 어떻게 죽일까 하고 꾀하니 이는 무리가
다 그의 교훈을 놀랍게 여기므로 그를 두려워함일러라(막 11:18)

바리새인들은 그리스도의 영향력을 시기했습니다. 그리고 인간의 본성은 그 이후로 변하지 않았고 지금도 그러합니다.

27그들이 다시 예루살렘에 들어가니라 예수께서 성전에서 거니실 때에 대제사장들과 서기관들과 장로들이 나아와 28이르되 무슨 권위로 이런 일을 하느냐 누가 이런 일 할 권위를 주었느냐(막 11:27, 28)

역사는 어떻게 반복되는 가? 어느 대학을 졸업했습니까? 그리고 어느 신학교에서 훈련을 받았습니까? 이러한 질문이 현대적 형태의 위의 사람들이 예수님에게 한 질의입니다.

> 그들이 예수의 말씀을 책잡으려 하여 바리새인과 헤롯당 중에서
> 사람을 보내매(막 12:13)

그들의 후손들은 여전히 생존하고 있습니다. 그들의 전통도 남아 있습니다. 이러한 것들을 수도없이 열거할 수 있습니다. 마가12:18; 12:28; 14:1 등을 더 참조하십시오. 하나님의 완전하신 종은 처음부터 끝까지 철저하게 원수들에게 쫓겨났습니다. 모든 단계에서 그는 어떤 형태로든 반대와 박해에 직면했습니다. 그리고 이것들은 모두 우리들에게 교훈을 주기 위해 기록되었습니다. 원수는 죽지 않았습니다. 오늘날 하나님의 종들은 주님과 유사한 길을 가도록 부름을 받았습니다.

4. 그리스도께서는 많은 자기 희생으로 섬기셨습니다

> 집에 들어가시니 무리가 다시 모이므로 식사할 겨를도 없는지라(막 3:20)

그분은 다른 사람들의 손에 철저히 맡겨지셨습니다. 그분은 어디에 시간을 써야하는 지 완벽하게 아시는 분이셨습니다.

> [35]그 날 저물 때에 제자들에게 이르시되 우리가 저편으로 건너가자 하시니 [36]그들이 무리를 떠나 예수를 배에 계신 그대로 모시고 가매 다른 배들도 함께 하더니(막 4:35, 36)

이 얼마나 감동적인 일입니까? 다른 복음서의 평행 구절과 함께 문맥을 연구해 보면, 여기에서의 그날의 저녁은 바쁘고 붐빈 하루의 끝임을 알 수 있습니다. 이른 아침부터 해 질 때까지 주님은 다른 사람들을 섬기고 계셨습니다. 이제 주님은 수고하심으로 말미암아 너무 지치고 피곤하셔서 "배에 계신 그대로(even as he was)"로 모시고 가야 했습니다. "배에 계신 그

대로"—이 구절은 얼마나 많은 것을 포함합니까?

주님의 사역자들이여 기억하십시오! 다음에 당신이 하루종일의 사역을 마치고 마음이 지치고 신경이 떨릴정도로 피곤할 때, 당신보다 먼저 주님은 벌써 폭풍우가 그 분의 잠을 깨우지 못할 정도로 누워 계신 상태였다는 것을 말입니다.

> 예수께서는 고물에서 베개를 베고 주무시더니 제자들이 깨우며 이르되 선생님이여 우리가 죽게 된 것을 돌보지 아니하시나이까 하니(막 4:38)

> 이르시되 너희는 따로 한적한 곳에 가서 잠깐 쉬어라 하시니 이는 오고 가는 사람이 많아 음식 먹을 겨를도 없음이라(막 6:31)

위의 구절은 하나님의 완전하신 종이 어떻게 섬기셨는 지를 보여줍니다. 아버지의 일에 열심이었습니다. 휴식도, 여가도, 때때로 너무 붐벼서 식사도 하지 못하시며 일하셨습니다. 그리스도의 섬김은 그분에게 어떤 대가를 치르게 하였습니다. 이것이 다음의 인용문에서 어떻게 나오는지 주목하십시오.

> 그들의 마음이 완악함을 탄식하사 노하심으로 그들을 둘러 보시고 그 사람에게 이르시되 네 손을 내밀라 하시니 내밀매 그 손이 회복되었더라(막 3:5)

주님은 냉담한 스토아 학파가 아니었습니다.

> 하늘을 우러러 탄식하시며 그에게 이르시되 에바다 하시니 이는 열리라는 뜻이라(막 7:34)

그리스도의 섬김은 형식적으로 이루어지지 않았습니다. 고통받는 자의 감정을 함께 하시며 그들의 상태에 들어가셨습니다.

예수께서 마음속으로 깊이 탄식하시며 이르시되 어찌하여 이 세대가 표적을 구하느냐 내가 진실로 너희에게 이르노니 이 세대에 표적을 주지 아니하리라 하시고 (막 8:12)

이와 같이 주님은 당신이 사역하신 사람들의 슬픈 불신에 마음 아파하셨습니다. 그는 외적으로 뿐만 아니라 내적으로도 고통을 겪었습니다.

20집에 들어가시니 무리가 다시 모이므로 식사할 겨를도 없는지라 21예수의 친족들이 듣고 그를 붙들러 나오니 이는 그가 미쳤다 함일러라(막 3:20-21)

그리하여 그들은 하나님의 생각을 알 수가 없었습니다. 그들은 그분이 하나님의 뜻을 이루시는 지 그분을 확인하려고 했습니다. 그들의 목적은 의심할 여지 없이 의미가 좋았지만 그것은 (하나님에 대한) 지식이 없는 열성이었습니다. 이것은 하나님의 모든 종들에게 주시는 얼마나 큰 경고입니까? 좋은 의도는 가졌지만 분별력이 부족한 친구들을 조심하십시오. 그들은 하나님께 온전히 헌신한 바울과 같은 사람들을 방해하고자 합니다.

내가 달려갈 길과 주 예수께 받은 사명 곧 하나님의 은혜의 복음을 증언하는 일을 마치려 함에는 나의 생명조차 조금도 귀한 것으로 여기지 아니하노라(행 20:24)

5. 그리스도는 질서 있게 섬기셨습니다

이러한 특징들은 부수적인 방식으로 마가복음에서만 발견되는 여러 문구에 등장합니다. 필자는 두 가지만 예를 들고자 합니다.

> 열두 제자를 부르사 둘씩 둘씩 보내시며 더러운 귀신을
> 제어하는 권능을 주시고(막 6:7)

주님은 굶주린 사람들을 먹이실 때 다음과 같이 명령하셨습니다.

> 39제자들에게 명하사 그 모든 사람으로 떼를 지어 푸른 잔디 위에 앉게 하시니
> 40떼로 백 명씩 또는 오십 명씩 앉은지라(막 6:39-40)

이 얼마나 세심한 배려인가? 또한 이것은 우리의 엉터리같은 일들을 많이 책망하십니다. 성경이 "무엇이든지 네 손이 하는 일에 힘을 다하여 하라"고 명령한다면, 분명히 하나님을 위한 우리의 섬김은 가장 신중하게 기도하는 마음으로 주의를 기울여야 합니다. 그리스도의 모범이 분명히 보여주듯이 하나님은 결코 혼란의 창시자가 아닙니다.

6. 그리스도의 섬김은 사랑으로 촉발되었습니다

> 예수께서 불쌍히 여기사 손을 내밀어 그에게 대시며 이르시되 내가 원하노니
> 깨끗함을 받으라 하시니(막 1:41)

> 예수께서 나오사 큰 무리를 보시고 그 목자 없는 양 같음으로 인하여 불쌍히
> 여기사 이에 여러 가지로 가르치시더라(막 6:34)

1그 무렵에 또 큰 무리가 있어 먹을 것이 없는지라 예수께서 제자들을 불러 이르

시되 [2]내가 무리를 불쌍히 여기노라 그들이 나와 함께 있은 지 이미 사흘이 지났으나 먹을 것이 없도다(막 8:1-2)

마가는 예수님의 이러한 사랑스럽고 감동적인 대사를 장면으로 가져온 유일한 사람입니다. 또한 마음의 완악함과 주위의 멸망당하는 이들에 대한 냉담한 무관심에 대하여 얼마나 책망하시는 지 모릅니다. 오늘날에 우리는 진정한 자비를 발견하지 못합니다.

예수께서 그를 보시고 사랑하사 이르시되 네게 아직도 한 가지 부족한 것이 있으니 가서 네게 있는 것을 다 팔아 가난한 자들에게 주라 그리하면 하늘에서 보화가 네게 있으리라 그리고 와서 나를 따르라 하시니(막 10:21)

마가는 사랑이 없으면 우리의 섬김은 아무 쓸모가 없다는 것을 보여주는 유일한 사람입니다.

7. 그리스도의 섬김에는 기도가 선행되었습니다

새벽 아직도 밝기 전에 예수께서 일어나 나가 한적한 곳으로 가사 거기서
기도하시더니(막 1:35)

마가는 이것을 유일하게 기록했습니다. 그리고 마치 우리로 하여금 그리스도의 섬김의 유일성과 완전성의 비밀을 알게 하려는 것처럼 마가복음 1장에 이 진술이 있다는 것은 얼마나 의미심장한 일입니까? 이것들을 다 언급할 수 없어서 넘어가지만 마가복음에는 이러한 독특한 것들이 많이 있습니다. 또한 마가복음이 결론짓는 방식에 주의를 기울일 필요가 있습니다.

제자들이 나가 두루 전파할새 주께서 함께 역사하사 그 따르는 표적으로 말씀을 확실히 증언하시니라(막 16:20)

이 얼마나 중요하고 적절한 가? 마가복음에서 볼 수 있는 하나님의 완전하신 종에 대한 모습은 그가 여전히 일하고 계신다는 것입니다. 그 분의 종들을 홀로 내버려두지 않으시고, 그들과 함께 계십니다. 그리스도에 대한 이러한 아름다운 모습에 대한 필자의 연구는 그것이 그분의 사도를 통한 하나님의 훈계를 새로운 능력으로 우리 마음에 새기게 하지 않는 한 헛된 것이 될 것입니다.

그러므로 내 사랑하는 형제들아 견실하며 흔들리지 말고 항상 주의 일에 더욱 힘쓰는 자들이 되라 이는 너희 수고가 주 안에서 헛되지 않은 줄 앎이라(고전 15:58)

제3장
누가복음

누가복음이 성경에서 차지하는 숫자적 위치는 누가복음을 해석하는 확실한 열쇠를 제공합니다. 누가복음은 신약성경의 세 번째 책이며 성경 전체를 통틀어 42번째 책입니다. 이러한 각각의 숫자는 이와 관련하여 매우 중요하고 시사하는 바가 큽니다. 숫자 3은 현현의 수, 특히 하나님의 현현과 그의 활동의 숫자입니다. 유일하신 참되시고 살아계신 하나님이 온전히 계시되는 곳은 복되신 삼위일체의 삼위 안에 있습니다. 그러므로 또한 3은 부활의 숫자인데, 부활은 생명이 온전히 나타날 때이기 때문입니다. 적절하게도 누가복음은 신약성경의 세 번째 책입니다.

누가복음에서 다른 어느 곳에서도 보다도 우리가 눈으로 볼 수 없는 하나님이 육신으로 완전하게 나타나셨기 때문입니다. 누가복음은 또한 성경 전체에서 42번째 책입니다. 42는 7 x 6이고 7은 완전을 의미하고 6은 사람의 수입니다. 이 둘을 합치면 더 중요한 의미인 완전한 사람을 나타냅니다. 그리고 이것이 바로 이 성경 42권에 정확하게 성령께서 우리 앞에 가져다주신 이유인 것입니다. 이것은 성경이 하나님의 영감을 받은 책이라는 증거일 뿐만 아니라 하나님께서 우리가 지금 가지고 있는 것과 같이 다른 책들을 신성한 정경에 배치하는 것을 틀림없이 감독하셨다는 것을 보여주는 것입니다.

누가복음은 우리 주님의 인성(humanity)에 관한 것입니다. 마태복음에서 그리스도는 이스라엘을 시험하는 것으로 보여지며, 이것이 바로 그의 복음이 신약에서 구약과의 필수적인 연결 고리로서 첫 번째 위치를 차지하는 이유입니다.

마가복음에서 그리스도는 이스라엘을 섬기는 것으로 나타나므로, 마가복음이 두 번째로 등장합니다. 그러나 누가에서는 저자의 범위가 확대됩니다. 여기에서 그리스도는 인류적 관계에서 인자(the Son of Man)로 나타나며 인자(the sons of men)와 대조됩니다. 요한복음에는 그리스도의 가장 높은 영광이 계시되어 있습니다. 왜냐하면 그곳에서 그리스도는 하나님의 아들로 등장하시며 이스라엘과 연결되어 있지 않고 사람으로서 사람과 연결되어 있지 않고 믿는 자들과 연결되어 있기 때문입니다. 그리하여 우리는 사복음서의 배열에서 드러나는 하나님의 지혜에 감탄하고 그 순서대로 아름다운 그라데이션을 볼 수 있습니다. 마태복음은 유대인을 위해 특별히 고안되었습니다. 마가는 특별히 하나님의 종들에게 적합합니다. 누가복음은 사람으로서 모든 사람에게 적합합니다. 요한복음은 교회가 가장 큰 기쁨을 찾은 곳입니다.

그러므로 누가복음은 그리스도의 인성(Manhood)에 관한 복음입니다. 누가복음은 육체로 나타나신 하나님을 우리에게 보여줍니다. 누가복음은 그리스도를 "인자(The Son of Man)"로 제시합니다. 누가복음은 영광의 주님이 사람의 수준으로 내려오신 것을 보여줍니다. 그 분은 죄를 예외로 하고 우리와 동일한 조건에 들어오셨고, 동일한 상황에 종속되셨습니다.

우리가 사는 것과 같은 차원에서 삶을 사셨습니다. 그러나 누가복음에서 주님은 사람들과 섞이는 것으로 보여지지만 모든 면에서 주님은 사람들과 뚜렷한 대조를 이루십니다.

인자(the Son of Man)이신 그리스도와 사람의 아들(a son of man)인 우리 사이에는 큰 차이가 있습니다. 또한 지금도 하나님의 아들(the Son of God)이신 예수님과 하나님의 자녀(a son of God)인 우리 믿는 자들 사이에 큰 차이가 있는 것처럼 말입니다. 그러한 차이는 단순히 상대적인 것이 아니라 절대적이었습니다. 단순히 부수적인 것이 아니라 본질적인 것입니다. 정도의 차이가 아니라 종류가 전혀 다른 것입니다. "인자(The Son of Man)"는 그의 인성의 독특함을 미리 예상하게 합니다. 주님의 인성은 기적적으로 만들어 진 것입니다. 그분의 인성의 본성은 본질적으로 거룩합니다. 이에 그분의 인성은 죽음으로 썩어질 것을 보지 않으셨습니다. 인자(The Son of Man)로서 그분은 아무도 할 수 없는 방식으로 태어나셨고, 아무도 하지 않았던 삶을 살으셨고, 아무도 할 수 없었던 죽음으로 죽으셨습니다.

비할 데 없는 그분의 인격과 관련된 다른 모든 것과 마찬가지로 그리스도의 인성도 깊은 존경심과 관심을 가지고 논의되어야 합니다. 그것에 관한 추측은 모독입니다. 그것에 대한 성급한 추측은 잠시도 허용되어서는 안됩니다. 우리가 주님의 인성에 대해 알 수 있는 것은 성경이 알려주는 것 뿐입니다. 신학자들 중 일부가 이러한 예수님의 인성에 주제에 관해 성령께서 말씀하신 것을 더 엄격하게 고수했더라면, 그들이 건전한 말씀의 형태를 굳게 잡는 일에 더 주의를 기울였더라면, 주님께 그토록 불명예스러운 많은 것이 기록된 적이 없었을 것입니다. 하나님이시며 사람이신 분의 인격은 우리로 하여금 지적인 분석을 하기 위한 목적으로 제시된 것이 아니라, 우리로 하여금 마음으로 그분을 예배하려 하기 위함입니다.

크도다 경건의 비밀이여, 그렇지 않다 하는 이 없도다 그는 육신으로 나타난 바 되시고 영으로 의롭다 하심을 받으시고 천사들에게 보이시고 만국에서 전파되시고 세상에서 믿은 바 되시고 영광 가운데서 올려지셨느니라(딤전 3:16)

위와 같이 말씀하시는 것은 합당한 이유가 있었기 때문에 그러합니다. 우리가 기도하는 마음으로 말씀을 살펴보면, 주님의 인성의 완전함을 보호하고 그 거룩한 성품을 이끌어내기 위해 하나님의 보살핌이 있었다는 것을 알게 될 것입니다. 이러한 것들은 그분의 인격에 대한 보다 직접적인 언급과 관련하여 뿐만 아니라 구약의 예표와 예언에서도 나타납니다. 예수님을 우리 죄를 위한 희생 제물로 묘사한 어린 양은 점과 흠이 없어야 했습니다. 어린 양을 먹었던 바로 그 집은 모든 누룩(악의 상징)이 주의깊게 배제되어야 했습니다. 하나님의 백성을 위한 양식으로 그리스도를 예표한 "만나"는 색깔이 "흰색"으로 묘사됩니다(출 16:31). 그리스도의 인성을 직접적으로 가리키는 소제는 "고운 가루"(레 2:1)입니다. 즉 그 가루는 뾰족한 입자나 고르지 않은 가루가 없어야 합니다. 그리고 소제는 기름과 유향과 함께 하나님께 바쳐졌는 데 기름은 성령님을 상징하고 유향은 그리스도의 인격의 향기를 말합니다. 예수님을 예표한 사람들 가운데 가장 두드러진 요셉은 "착하고 은총을 받은 자"(창 39:6)라고 기록합니다.

이러한 동일한 특징들은 메시야의 인성을 언급한 예언에서 두드러집니다. 그 분을 잉태할 태는 처녀였습니다(사 7:14). 성육신하신 그 분에 대하여 하나님은 다음과 같이 말하십니다:

내가 붙드는 나의 종, 내 마음에 기뻐하는 자 곧 내가 택한 사람을 보라 내가 나의 영을 그에게 주었은즉 그가 이방에 정의를 베풀리라(사 42:1)

인자의 인격적 탁월함에 감동하며, 예언의 영은 이렇게 외칩니다:

왕은 사람들보다 아름다워 은혜를 입술에 머금으니 그러므로 하나님이 왕에게
영원히 복을 주시도다(시 45:2)

땅에서 끊어지신 분의 죄없음에 관하여, 성경은 다음과 같이 확증합니다:

그는 강포를 행하지 아니하였고 그의 입에 거짓이 없었으나
그의 무덤이 악인들과
함께 있었으며 그가 죽은 후에 부자와 함께 있었도다(사 53:9)

그분의 인성이 썩지 않고 죽음을 통과할 때를 고대하면서, 성경은 다음과 같이 말합니다.

그는 시냇가에 심은 나무가 철을 따라 열매를 맺으며 그 잎사귀가 마르지
아니함 같으니 그가 하는 모든 일이 다 형통하리로다(시 1:3)

무릇 우리는 다 부정한 자 같아서 우리의 의는 다 더러운 옷 같으며 우리는 다
잎사귀 같이 시들므로 우리의 죄악이 바람 같이 우리를 몰아가나이다(사 64:6)

이제 신약에 와서 우리는 하나님께서 사람이신 그리스도 예수(the Man Christ Jesus)를 다른 모든 사람과 얼마나 주의 깊게 구별하셨는지 관찰할 수 있습니다. 디모데전서 3장 16절입니다:

크도다 경건의 비밀이여, 그렇지 않다 하는 이 없도다 그는 육신으로 나타난 바 되시고 영으로 의롭다 하심을 받으시고 천사들에게 보이시고 만국에서 전파되시고 세상에서 믿은 바 되시고 영광 가운데서 올려지셨느니라(딤전 3:16)

이해를 돕기 원한 영어성경입니다(역자 주).

Great is the mystery of godliness: God was manifest in the flesh.

헬라어 원문에 여기에 정관사가 없다는 것은 놀라운 일입니다. 성령께서 실제로 말씀하시는 것은 "하나님이 육신으로 나타나셨느니라(God was manifest in flesh)"입니다. 그는 육체로(in flesh) 나타나셨지만 육신(in the flesh)이 아니셨습니다. 왜냐하면 육신은 타락한 아담의 모든 후손들이 공유하는 타락한 인간 본성을 가리킬 것이기 때문입니다.

Not in the flesh, but in flesh, sinless and holy flesh, was God manifest.

육신(in the flesh)이 아니라, 육체로(in flesh), 죄가 없으신 거룩한 육체로 하나님이 나타나셨습니다. 성경은 놀랍도록 세세한 부분까지 정확합니다. 비슷한 방식으로 그리스도의 인성을 말하는 구절을 발견할 수 있습니다.

율법이 육신으로 말미암아 연약하여 할 수 없는 그것을 하나님은 하시나니 곧 죄로 말미암아 자기 아들을 죄 있는 육신의 모양으로 보내어 육신에 죄를 정하사(롬 8:3)

For what the law could not do, in that it was weak through the flesh, God sending his own Son in the likeness of sinful flesh, and for sin, condemned sin in the flesh(KJV Rom 8:3)

예수님의 흠이 없고 완전하신 인성은 우리가 같이 죄가 충만한 것이 아니라, 겉모양만 우리와 같습니다. 히브리서 7장 26절이 선언합니다.

이러한 대제사장은 우리에게 합당하니 거룩하고 악이 없고 더러움이 없고 죄인에게서 떠나 계시고 하늘보다 높이 되신 이라(히 7:26)

예수님은 죄인들과 구별되어 존재하셨고 이 땅에서 완벽한 삶을 사셨습니다. 그는 죄를 전혀 알지 못하셨습니다(고후 5:21). 주님은 죄를 짓지 아니하시고(벧전 2:22) 주님은 죄가 없으십니다(히 4:15). 그러므로 그분은 다음과 같이 말씀하실 수 있습니다.

이 후에는 내가 너희와 말을 많이 하지 아니하리니 이 세상의 임금이 오겠음이라 그러나 그는 내게 관계할 것이 없으니(요 14:30)

누가복음의 주제와 일치하게 우리는 누가복음 안에서 주 예수의 기적적인 탄생에 관한 가장 자세한 내용을 볼 수 있습니다.

26여섯째 달에 천사 가브리엘이 하나님의 보내심을 받아 갈릴리 나사렛이란 동네에 가서 27다윗의 자손 요셉이라 하는 사람과 약혼한 처녀에게 이르니 그 처녀의 이름은 마리아라(눅 1:26-27)

숫자 6은 사람의 숫자입니다. 이것은 또한 아주 중요한 의미를 지닙니다. 또한 이 구절에서 마리아가 처녀였다고 두 번이나 기록하고 있습니다. 그 다음 구절입니다.

그에게 들어가 이르되 은혜를 받은 자여 평안할지어다 주께서
너와 함께 하시도다 하니(눅 1:28)

이것은 마리아를 당황스럽게 했습니다. 왜냐하면 그녀는 이러한 이상한 인사에 의아해했습니다. 천사가 계속해서 말했습니다.

30천사가 이르되 마리아여 무서워하지 말라 네가 하나님께 은혜를 입었느니라 31 보라 네가 잉태하여 아들을 낳으리니 그 이름을 예수라 하라(눅 1:30-31)

이에 마리아가 대답하며, 질문합니다.

마리아가 천사에게 말하되 나는 남자를 알지 못하니
어찌 이 일이 있으리이까(눅 1:34)

천사가 대답합니다.

천사가 대답하여 이르되 성령이 네게 임하시고 지극히 높으신 이의 능력이 너를
덮으시리니 이러므로 나실 바 거룩한 이는 하나님의 아들이라
일컬어지리라(눅 1:35)

성령이 사람 "위에" 오시는 것은 성경에서 항상 초자연적인 신성한 일을 일으키기 위한 것입니다. 가장 높으신 분의 능력이 마리아를 덮을 것이라는 천사의 약속은 이중적인 것을 암시합니다. 하나님 그분이 그녀를 보호할 것이며, 이 약속이 어떻게 성취되었는지 마태복음 1장 19,20절에 기록되어 있습니다. 이러한 기적의 방식이 우리에게 숨겨져 있다는 경고이기도 합니다. 천사가 마리아에게 말한 "그 거룩한 자에게서 나실 것"은 주석가들에게 큰 난제였습니다. 그러나 이 표현의 의미는 매우 간단합니다. 그것은 구체적으로 주님의 인격(person)을 말하는 것이 아니라 추상적으로 그분의 인성(humanity)을 가리킵니다. 그것은 주님의 인성이 독특하다는 것을 부각시켜 줍니다. 그것은 우리와 극명한 대조를 이룹니다. 누가

복음 1장 35절의 이 말씀을 이사야 64장 6절의 다른 표현과 대치하면 그 의미가 분명해질 것입니다.

무릇 우리는 다 부정한 자 같아서 우리의 의는 다 더러운 옷 같으며 우리는 다 잎사귀 같이 시들므로 우리의 죄악이 바람 같이 우리를 몰아가나이다(사 64:6)

우리가 가진 인간본성은 추상적으로 봤을 때 본질적으로 부정합니다. 개개인의 개인적 행위에 상관없이 그러합니다. 반면에 예수께서 성육신 하실 때 취하신 것은 죄를 지을 능력이 없는 것이었습니다. 단순히 부정적인 확언입니다. 다시 말해 주님은 본질적으로 긍정적으로 거룩하셨습니다. 아담은 타락하지 않은 상태에서는 단지 순수했지만(다시 부정적인 특성) 그리스도는 거룩하셨습니다. 아마도 우리는 이 시점에서 예수께서 받으신 유혹에 관하여 몇 가지를 언급하는 것이 좋을 것 같습니다.

어떤 설교자는 다음과 같이 말합니다. "우리 주님이 사탄의 간청에 굴복하실 수도 있었다. 또한 그럴 수 없었다고 단언하는 것은 마귀와 그분의 갈등에 대한 설명을 모든 의미에서 제거하는 것이다"라고 말합니다. 그러나 이것은 단순한 실수가 아니라 심각한 오류입니다. 그것은 주님의 인격을 욕되게 하는 것입니다. 그것은 그분의 완전무결, 불가범성(impeccability)을 부인하는 것입니다. 그것은 사탄이 주님과 아무 상관이 없으며, 아무것도 그에게 능력을 발할 수 없다고 하신 주님의 말씀에 대해 의혹을 제기하는 것입니다. 광야에서 예수께서 마귀에게 굴복하실 가능성이 있었다면, 그 광야 40일 동안 하나님의 모든 택하신 자들의 구원은(하나님의 영원한 목적의 성취는 말할 것도 없이) 위기에 처했을 것입니다. 그리고 확실히 그것은 생각할 수 없는 일입니다. 그러나 그리스도가 굴복할 가능성이 없었다면 시험의 세력은 어디에 있었느냐고 질문할 수 있습니다. 예수께서 죄를 지을 수 없다면 사탄이 그리스도를 시험하도록 내버려두는 것은 무의미한 행위가 아니겠습니까? 그러한 질문은 질문하는 사람들의 개탄스러운 무지를 드러낼 뿐입니다.

시험이라는 단어는 주된 의미와 부수적 의미의 이중적인 의미를 가지고 있으며, 마태복음 4장과 병행하는 본문에서 사용된 경우는 부수적인 의미를 적용한 것임을 잘 이해해야 합니다. 이러한 점에서 많은 오류가 생겨났습니다. "유혹"이라는 단어는 문자 그대로 "뻗다(to strech out)"를 의미하여 어떤 것의 힘을 시험해 보는 것입니다. 그것은 라틴어 "tendo"에서 유래하며 '뻗다(to strech out)'입니다. 영어로 "attempt"는 어떤 것을 시도해 보는 것을 말합니다. 따라서 "유혹"은 주로 "시도하다, 시험하다, 증명하다"를 의미합니다. 유혹이 "악에 빠지게 한다"를 의미하게 된 것은 부차적 의미에서만입니다.

그 일 후에 하나님이 아브라함을 시험하시려고 그를 부르시되 아브라함아 하시니 그가 이르되 내가 여기 있나이다(창 22:1)

하나님은 아브라함을 악에 빠지게 하기 위하여 유혹하시는 것이 아닙니다.

사람이 시험을 받을 때에 내가 하나님께 시험을 받는다 하지 말지니 하나님은 악에게 시험을 받지도 아니하시고 친히 아무도 시험하지 아니하시느니라(약 1:13)

그 때에 예수께서 성령에게 이끌리어 마귀에게 시험을 받으러 광야로 가사 (마 4:1)

여기서의 유혹의 목적은 예수께서 사탄에게 굴복하실 것인지 아닌

지를 알아보기 위함이 아니라 그분이 사탄에게 굴복하실 수 없다는 것을 보여 주기 위함이었습니다. 그 시험의 목적은 예수님의 불가범성(impecability)을 보여주기 위함입니다. 사탄이 유혹하거나 호소할 수 있는 것이 그 분안에는 아무것도 없다는 사실을 알려주기 위함입니다. 그 시험은 예수를 시험하고 증명하기 위한 목적입니다. 장미를 부수면 으스러질수록 그 향기가 더 많이 드러날수록 하나님이시며 사람이신 분에 대한 마귀의 공격은 그의 완전함을 이끌어내는 데 더 도움이 될 뿐이었습니다. 그리하여 그분을 죄인의 구주로서 완전한 자격을 갖추신 분으로 나타나십니다.

예수께서는 죄를 지을 수 없는 것의 의미가 시험의 기회를 빼앗는 것이 아니라는 것은 우리로 하여금 그것의 참된 의미를 분별하는 데 도움이 됩니다. 그분은 하나님의 거룩하신 분이시기에 사탄의 불화살의 이력을 느끼실 수 있습니다. 죄가 가득한 사람은 그것을 느낄 수가 없습니다. 인간의 영역에서 예수님처럼 절대적으로 독특한 분과 비유되는 것을 찾아볼 수 없습니다. 그러나 여기에 포함된 원리를 설명하려고 시도해 봅니다. 도덕적으로 약한 사람이 유혹의 힘을 느낀다는 것이 사실입니까? 분명히 아닙니다. 그 힘을 느끼는 것은 도덕적으로 강한 사람입니다. 죄로 말미암아 도덕적 조직이 약해진 사람은 유혹 앞에서 민감함이 약해집니다. 신앙적으로 어린 신자는 다음과 같이 질문할 수 있습니다.

"내가 기독교인이 된 이후로 나는 이전보다 백 배나 더 잘못을 저지르고 싶은 유혹을 받는 이유가 무엇입니까?"

그것에 대한 올바른 대답은, 그의 상태가 정확히 그렇지 않다는 것입니다. 그 안에 있는 그리스도의 생명은 그를 유혹의 힘에 대하여 더 예민하고 더 빠르고 더 민감하게 만들었습니다. 비유가 온전하지 못하다는 것을 필자도 알고 있습니다. 그런데 그러한 원리를 무한한 높이로 끌어올리고 그것을 그리스도에게 적용해 보십시오. 그러면 그는 죄가 없고 죄를 지을 수 없기 때문에 그의 유혹이 무의미하다고 말하는 대신에 아마도 그 안에 훨씬 더 깊은 의미를 발견하게 될 것입니다. 이에 이전보다 다음의 말씀으로 인해 더 깊이 감사하게 될 것입니다.

> 그가 시험을 받아 고난을 당하셨은즉 시험 받는 자들을
> 능히 도우실 수 있느니라(히 2:18)

조금 더 질문해보겠습니다. 그러면 이것은 또 주님께서 내가 유혹을 받을 때 나를 동정하실 수 있는 능력을 앗아가는 것이 아닙니까? 이에 대한 대답은 절대 아니라는 것입니다. 그러나 이 마지막 질문이 정말로 회피라는 것이 두렵습니다. 이 질문을 하는 사람이 마음 속 깊은 곳에서 정말로 "내가 유혹에 굴복할 때 그리스도께서 나를 동정하실 수 있습니까?"를 의미하지 않습니까? 그 질문에 대답하기 위해서는 이렇게 진술해야만 합니다. 거룩하신 그리스도께서는 죄나 죄짓는 것을 결코 동정하지 않으십니다. 그런데 여기에 결정적인 차이점이 있습니다. 그리스도께서 시험을 받으셨을 때 그분은 "고난을 받으셨으나" 우리가 시험에 끌렸을 때 우리는 그것을 즐깁니다.

그러나 우리가 시험을 받을 때에 붙들어 주시는 은혜를 구하고 거기에 끌리지 아니하면 우리도 고난을 받을 것이요 오직 자비로우시고 신실하신 대제사장이 계시니 이는 능히 우리를 불쌍히 여기실 뿐 아니라 우리는 시험받는 자들을 도우실 것입니다(히 2:18). 필자가 논제에서 벗어나 다소 길게 설명했지만, 아마도 그리스도의 인성 즉 그분의 불가범성을 고려할

때 필요한 일이었습니다.

앞서 언급한 바와 같이, 누가의 복음은 그보다 앞서 있는 두 복음서인 마태복음이나 마가복음보다 범위가 더 넓습니다. 두 복음서 모두에서 그리스도는 이스라엘과 관련하여 보여집니다. 그러나 누가복음에는 국가적 제한이 없습니다. 마태복음의 "다윗의 자손(Son of David)"은 누가복음에서 "인자(Son of Man)"로 확장됩니다. 인자(Son of Man)은 범위가 더 넓은 사람입니다. 주님은 인류전체와 분리되어 있기도 하지만 또한 연결되어 있습니다. 그러므로 누가복음은 마태복음이 유대인을 향한 복음인 것처럼 특별한 의미에서 이방인을 향한 복음입니다. 그러므로 누가복음을 기록한 사람 자체가 성경 전체에서 유일하게 이방인이었다는 사실을 발견하는 것은 놀라운 일이 아닙니다. 학자들은 일반적으로 누가가 라틴어 "Lucanus" 또는 "Lucius"의 약어임을 인정합니다. 누가의 이름은 바울 서신의 이방인 이름 목록에서 두 번 발견됩니다(딤후 4:10-12 및 빌레몬서 24절 참조). 또한 누가복음이 유대인이 아니라 "데오빌로" 즉 "하나님의 사랑을 받는 자"라는 의미를 가진 이방인에게 쓰여졌다는 것도 주목할 말합니다. 예수님이 "선한 사마리아인"으로 제시되어 있는 곳은 이방인 복음서인 누가복음 뿐이며 다른 곳에는 그러한 언급이 없습니다. 분명히 이러한 내용은 마태복음에서는 상당히 적절하지 않았을 것입니다. 그러나 누가복음에서는 아주 철저하게 조화를 이룹니다. 마찬가지로 아래와 같은 말씀도 누가복음에만 나옵니다.

그들이 칼날에 죽임을 당하며 모든 이방에 사로잡혀 가겠고 예루살렘은 이방인의 때가 차기까지 이방인들에게 밟히리라(눅 21:24)

그리고 또한 종말의 때를 설명하시면서 누가복음에서 주님은 다음의

비유를 말씀하십니다:

> 이에 비유로 이르시되 무화과나무와 모든 나무를 보라(눅 21:29)

무화과 나무는 이스라엘을 상징하는 것을 잘 알려져 있습니다. 이에 마태는 무화과 나무를 언급합니다(마 24:32). 하지만 누가는 여기에다가 "모든 나무들"을 추가함으로써 그의 복음의 영역을 열방으로 확대합니다. 이와 같은 특징의 다른 예들은 주의 깊은 연구자들에 의해 계속 발견될 것입니다.

누가복음의 중심 주제로 돌아가서 우리는 "인자(the Son of Man)"가 그리스도와 온 세상을 연결하고 있음을 관찰할 수 있습니다. 그리스도께서 자신을 가장 자주 언급하신 칭호입니다. 한 번도 다른 사람이 이러한 이름으로 그분을 부른 적이 없습니다. 인자라는 칭호는 구약성경의 시편 8편에서 처음으로 등장합니다:

4사람이 무엇이기에 주께서 그를 생각하시며 인자가 무엇이기에 주께서 그를 돌보시나이까 5그를 하나님보다 조금 못하게 하시고 영화와 존귀로 관을 씌우셨나이다 6주의 손으로 만드신 것을 다스리게 하시고 만물을 그의 발 아래 두셨으니(시 8:4-6)

위의 본문이 직접적으로 언급하는 인물은 타락하지 않은 상태의 처음의 아담을 말하며 그가 가진 모든 하위 피조물들에 대한 지배권을 말합니다.

하나님이 그들에게 복을 주시며 하나님이 그들에게 이르시되 생육하고 번성하여 땅에 충만하라, 땅을 정복하라, 바다의 물고기와 하늘의 새와 땅에 움직이는 모든

생물을 다스리라 하시니라(창 1:28)

이것은 이 땅에 대한 지배권을 말합니다. 이것은 인류의 첫 조상이 창조된 그날에 하나님이 그들에게 말씀하신 것입니다. 그러나 이러한 "지배권"을 가진 위치에서 첫번째 아담은 떨어졌고, 무엇보다도 우리 주님이 성육신하신 것은 아담이 상실한 통치권을 회복하기 위함이었습니다. 히브리서 2장의 인용에서 분명하듯이, 시편 8편은 두번째 아담 안에서 궁극적으로 성취되었습니다.

하지만, 이 두번째 아담이신 예수님은 영광과 존귀로 관을 쓰시기 전에, 그 자신을 낮추어서 죽음의 문을 통과하셔야 했습니다. 따라서 인자(the Son of Man)라는 칭호는 첫번째는 낮아지심을 말하고 궁극적으로는 영광과 통치, 왕권을 말합니다.

5하나님이 우리가 말하는 바 장차 올 세상을 천사들에게 복종하게 하심이 아니니 6 그러나 누구인가가 어디에서 증언하여 이르되 사람이 무엇이기에 주께서 그를 생각하시며 인자가 무엇이기에 주께서 그를 돌보시나이까 7그를 잠시 동안 천사보다 못하게 하시며 영광과 존귀로 관을 씌우시며 8만물을 그 발 아래에 복종하게 하셨느니라 하였으니 만물로 그에게 복종하게 하셨은즉 복종하지 않은 것이 하나도 없어야 하겠으나 지금 우리가 만물이 아직 그에게 복종하고 있는 것을 보지 못하고 9오직 우리가 천사들보다 잠시 동안 못하게 하심을 입은 자 곧 죽음의 고난 받으심으로 말미암아 영광과 존귀로 관을 쓰신 예수를 보니 이를 행하심은 하나님의 은혜로 말미암아 모든 사람을 위하여 죽음을 맛보려 하심이라 10그러므로 만물이 그를 위하고 또한 그로 말미암은 이가 많은 아들들을 이끌어 영광에 들어가게 하시는 일에 그들의 구원의 창시자를 고난을 통하여 온전하게 하심이 합당하도다(히 2:5-10)

"인자(The Son of Man)"라는 단어는 신약성경에서 88번 나옵니다. 8은 새로운 시작을 의미하기 때문에 매우 중요한 숫자입니다. 두 번째 아담이신 예수님에 의해 새로운 "주권"의 시작이 확립될 것입니다. 인자라는 단어가 언급되는 곳의 연관성을 추적하는 것은 매우 흥미롭고 유익합니다. 마태복음 8장 20절에서 예수께서 처음으로 인자라는 단어를 말씀하십니다.

> 예수께서 이르시되 여우도 굴이 있고 공중의 새도 거처가 있으되 인자는
> 머리 둘 곳이 없다 하시더라(마 8:20)

여기에서 아버지의 사랑받는 자이신 예수님께서 들어가셨던 굴욕과 낮아지심의 깊이에 주의를 기울여야 합니다. 장차 온세상을 온전히 다스리실 분은 이 땅에 계실 때에 집없는 이방인에 불과하셨습니다.

인자가 두 번째로 등장하는 구절은 그 범위를 정의하는 데 도움이 됩니다.

그러나 인자가 세상에서 죄를 사하는 권능이 있는 줄을 너희로 알게 하려 하노라 하시고 중풍병자에게 말씀하시되 일어나 네 침상을 가지고 집으로 가라 하시니 (마 9:6)

마태복음 26장 64절에 마지막으로 나옵니다.

예수께서 이르시되 네가 말하였느니라 그러나 내가 너희에게 이르노니 이 후에 인자가 권능의 우편에 앉아 있는 것과 하늘 구름을 타고 오는 것을 너희가 보리라 하시니(마 26:64)

여기서 우리는 예수께서 약함과 겸손으로가 아니라 능력과 영광으로 다시 오실 장면을 볼 수 있습니다. 요한복음 3장 13절에도 인자가 하나님

이심을 증명하는 말씀이 있습니다.

> 하늘에서 내려온 자 곧 인자 외에는 하늘에 올라간 자가 없느니라(요 3:13)

시편 8편이 인용된 히브리서 2장을 제외하고는 서신서 어디에도 인자라는 칭호가 나오지 않습니다. 왜냐하면 하늘의 부르심과 운명을 가지고 있고 이에 하나님의 아들과 관련이 있습니다. 이에 반해 인자는 이 세상과 관련이 있습니다. 인자라는 칭호가 성경에서 마지막으로 나오는 곳은 요한계시록 14장 14절입니다.

> 또 내가 보니 흰 구름이 있고 구름 위에 인자와 같은 이가 앉으셨는데
> 그 머리에는 금 면류관이 있고 그 손에는 예리한 낫을 가졌더라(계 14:14)

위의 말씀은 머리를 둘 곳이 없으신 분으로 묘사되는 구절과 완전히 대조되는 모습입니다.

이제 이러한 일반화에서 벗어나 누가복음의 몇 가지 특징을 더 자세히 고려하고자 합니다. 우선, 다른 사람들이 주목한 것처럼 누가복음의 머리말이 얼마나 독특하고 특징적인지 관찰할 수 있습니다.

[1]우리 중에 이루어진 사실에 대하여 [2]처음부터 목격자와 말씀의 일꾼 된 자들이 전하여 준 그대로 내력을 저술하려고 붓을 든 사람이 많은지라 [3]그 모든 일을 근원부터 자세히 미루어 살핀 나도 데오빌로 각하에게 차례대로 써 보내는 것이 좋은 줄 알았노니 [4]이는 각하가 알고 있는 바를 더 확실하게 하려 함이로라(눅 1:1-4)

누가복음의 시작은 다른 복음서의 시작 부분과 아주 대조적입니다. 여기에서 다른 곳보다 더 뚜렷하게, 우리에게 하나님의 계시를 전달되는 데 인간적인 요소가 있음을 봅니다. 인간의 도구가 우리 앞에 분명히 제시되

었습니다. 누가는 그가 다루려고 하는 것에 대한 개인적인 지식에 대해 이야기합니다. 누가는 다른 사람들이 이러한 방향으로 자기 이전에 한 일을 언급합니다. 하지만 또한 가장 확실하게 믿었던 것들을 보다 질서 있고 완전하게 설명할 필요를 느꼈습니다. 그러나 분명히 누가는 그의 친구 데오빌로에게 편지를 쓰기 위해 자리에 앉았을 때 그가 성령에 의해 감동되어지고, 또는 그가 쓰고자 하는 글이 하나님의 교회 전체에 영구적인 가치가 있을 것이라는 것을 알지 못했습니다. 대신에 신성한 영감자(Divine Inspirer)이신 성령님은 여기에 숨겨져 있으며 인간 필사자인 누가만 보입니다. 이러한 것들은 그리스도의 공식적 영광이나 그의 신성에 대해서는 다루지 않고, 주님의 인성을 주로 다루는 누가복음에서는 눈에 띄게 매우 적절한 것입니다. 기록된 하나님의 말씀과 성육신하신 말씀 사이에는 놀라운 비유, 유추가 있으며, 그러한 것들에 대한 세부 사항들은 무한정으로 우리가 발견할 수 있습니다. 그리스도께서 하나님이시며 동시에 사람이신 것처럼, 예수께서 신이시며 사람이셨던 것처럼, 성경은 하나님의 영감으로 기록되었지만 그럼에도 불구하고 사람이라는 경로를 통해서 주어졌습니다. 그러나 그리스도께서 사람이 되실 때 죄에 오염되지 않고 사람이 되신 것처럼 하나님의 계시인 성경도 인간의 불완전함으로 인해 더럽혀지지 않고 인간을 통해 우리에게 주어졌습니다. 더욱이 여기 누가복음에서 주님의 인성이 우리 앞에 그토록 두드러지게 나타나듯이, 성경을 주시는 데 있어서도 인간적인 요소가 가장 분명하게 드러납니다.

누가복음 1장에는 흥미롭고 중요한 다른 많은 것들이 있습니다. 우리가 지금 자세히 고려할 수는 없지만, 지나가면서 어떻게 인간적 요소가 전반적으로 우세한지를 지적할 것입니다. 예를 들어 우리는 누가복음에서 하나님이 마태복음 1장에서보다 그분이 말씀하시는 사람들과 더 친밀한 관계로 보여진다는 것을 알 수 있습니다.

요셉과 대화할 때는 꿈을 통해 말씀하셨지만, 사가랴에게 메시지를 전할 때는 천사가 직접 대면하여 말씀하십니다. 마리아에게는 더욱 친숙하게 소통하십니다. 천사가 성전에서 말하지 않고 집에서 말합니다. 다시말해 하나님께서 놀라운 은총으로 인간에게 얼마나 가까이 오실 것인지를 암시하는 방식으로 마리아에게 말씀하십니다. 다른 복음서보다도 누가복음에서 마리아에 관한 이야기가 훨씬 많이 있습니다. 누가는 사가랴의 예언을 홀로 기록한 것처럼, 마리아의 찬양을 기록한 유일한 인물입니다. 이에 인간 마음의 감정이 노래와 찬양으로 표현된 그대로 누가복음에 나타납니다. 누가복음 2장 1절도 역시나 특징적이고 독특합니다.

그 때에 가이사 아구스도가 영을 내려 천하로 다 호적하라 하였으니(눅 2:1)

그 때에 카이사르 아우구스투스의 칙령이 내려져 온 세상에 세금을 매기게 되었습니다. 이 과세는 키레니우스가 시리아의 총독이었을 때 처음 이루어졌습니다. 그리고 모든 사람이 각자 자기 도시로 세금을 내러 갔습니다. 요셉도 갈릴리 나사렛에서 유대 베들레헴이라 하는 다윗의 성으로 올라갔습니다. 이는 요셉이 다윗의 집안과 혈통에 속하였기에 자신의 정혼한 아내 마리아와 함께 세금을 징수받기 위함입니다(눅 2:1-5).

[1]그 때에 가이사 아구스도가 영을 내려 천하로 다 호적하라 하였으니 [2]이 호적은 구레뇨가 수리아 총독이 되었을 때에 처음 한 것이라 [3]모든 사람이 호적하러 각각 고향으로 돌아가매 [4]요셉도 다윗의 집 족속이므로 갈릴리 나사렛 동네에서 유대를 향하여 베들레헴이라 하는 다윗의 동네로 [5]그 약혼한 마리아와 함께 호적하러 올라가니 마리아가 이미 잉태하였더라(눅 2:1-5)

우리는 다른 복음서에서 이와 같은 것을 찾으려고 헛되이 노력하지 않을 것입니다. 누가복음에서 영광의 주님은 통치하러 오신 분이 아니라 다른 일반 사람들의 수준으로 내려오셨습니다. 이에 주님의 육신의 어머니와 아버지는 일반적인 세금의 징수대상이었습니다. 이러한 것들은 마태복음의 주제와 범위와 완전히 벗어나 있습니다. 마가의 관점에서는 전혀흥미가 없습니다. 하지만 누가복음과는 아주 철저하게 일치합니다.

> 첫아들을 낳아 강보로 싸서 구유에 뉘었으니 이는 여관에 있을 곳이
> 없음이러라(눅 2:7)

누가는 네 명의 복음서 저자 중 유일하게 이 이야기를 들려주고 있습니다. 이는 예수님의 인성에 관한 감동적인 관심사이며 우리가 경건하게 묵상할 만한 가치가 있는 부분입니다. 왜 성부께서는 성육신하신 당신의 아들을 마구간에서 태어나게 하셨을까요? 왜 들의 가축이 예수님의 첫 번째 동반자였습니까? 그분이 구유에 누이신 것에서 우리는 어떤 영적 교훈을 얻어야 할까요? 이 무거운 질문에 아마도 적어도 일곱 가지의 답을 말할 수 있을 것입니다.

(1) 주님은 여관에 방이 없어서 구유에 누우셨습니다. 이것은 하나님의 그리스도에 대한 세상의 평가를 아주 엄숙하게 드러내는 것입니다. 예수님의 놀라운 겸손에 대한 감사는 없었습니다. 사람들은 그 분을 원치 않았습니다. 그것은 지금도 그러합니다. 학교, 사회, 비즈니스 세계, 쾌락을 추구하는 수많은 사람들, 정치권, 신문, 많은 교회에서 그분을 위한 공간은 없습니다. 역사는 반복될 뿐입니다. 세상이 주님에게 준 것은 태어날 마구간과 죽으실 십자가, 그리고 시신을 안치할 빌린 무덤뿐이었습니다.

(2) 주님은 그분의 가난의 정도를 보여주시기 위해 구유에 누우셨습니

다.

> 우리 주 예수 그리스도의 은혜를 너희가 알거니와 부요하신 이로서 너희를
> 위하여 가난하게 되심은 그의 가난함으로 말미암아 너희를 부요하게 하려
> 하심이라(고후 8:9)

주님이 얼마나 가난하게 되셨는지는 이렇게 서두에 드러났습니다. 이후에 주님은 머리 둘 곳이 없으셨고, 세금에 관한 질문에 대해 비판자들에게 대답하실 때 동전을 구하셔야 했으며, 성만찬을 제정하실 때 다른 사람의 집을 사용해야 했던 그분은 처음부터 이 땅에서 집 없는 이방인이었습니다. 그리고 그가 태어나신 "구유"는 이러한 것들에 대한 가장 초기의 증거였습니다.

(3) 주님은 모든 사람이 접근할 수 있도록 구유에 누우셨습니다. 주님이 궁전이나 성전의 어떤 방에 태어나셨다면, 그곳에 다다를 수 있는 사람은 거의 없었을 것입니다. 그러한 장소에 들어가려면 먼저 허락을 받아야 하기 때문입니다. 그러나 마굿간에는 가난한 사람이나 부유한 사람이나 모두 쉽게 접근할 수 있었기 때문에 누구도 접근하는 데 어려움을 겪지 않았을 것입니다. 따라서 처음부터 주님은 우리가 다가가기 쉽게 해주셨습니다. 그분께 다가가기 위해 먼저 통과해야 할 중개자가 없었습니다. 그분의 면전에 들어가기 전에 사제와 면담할 필요도 없었습니다. 그때도 그랬고 지금도 그렇습니다.

(4) 주님은 구유에 누우셨는데, 예수께서 찾아가신 사람들의 성품을 예표하기 위함입니다. 마굿간은 들짐승들이 사는 곳이었는데, 새로 태어나신 주님께서 그들 가운데 오셨습니다. 짐승은 인간의 도덕적 성품을 아주 잘 상징하고 있습니다. 들짐승들은 영적인 생명이 없으므로 하나님에 대

한 지식이 없습니다. 유대인과 이방인 모두 그러한 상태였습니다. 구주께서 찾아오셨던 사람들은 정말이지 짐승과 같은 성품을 가지고 있습니다. 나귀나 노새처럼 어리석고 완고하며, 여우처럼 교활하고 잔인하며, 돼지처럼 굽실거리고 더러웠으며, 짐승들보다도 더 야만적으로 그분의 피를 보려고 갈망했습니다.

(5) 주님은 세상의 부와 화려함에 대한 자신의 경멸을 보여주기 위해 구유에 누워 계셨습니다. 우리는 하나님의 그리스도가 궁전에서 태어나고 값비싼 비단으로 장식된 금으로 된 요람에 눕는 것이 더 적합하다고 생각했습니다. 그러나 주님께서 이 복음서에서 친히 말씀하셨듯이 "사람 중에 귀히 여김을 받는 것은 하나님 보시기에 가증한 것이니라"(누가 16:15)고 하셨습니다. 그리고 아기 예수께서 금으로 된 요람이 아니라 초라한 구유에 누우셨을 때 이 진리의 모범이 얼마나 잘 드러났습니까?

(6) 주님은 인간의 고통과 비참함과 동일시되는 것을 표시하기 위해 구유에 누우셨습니다. 태어나신 분은 "사람의 아들(The Son of Man)"이셨습니다. 그분은 하늘 영광의 높은 곳을 떠나 우리의 수준으로 내려오셨고, 여기서 우리는 그분이 가장 낮은 지점에 있는 인간의 자리로 들어오시는 것을 목격합니다. 아담은 창조주의 손을 떠날 때 자연의 절묘한 아름다움에 둘러싸인 낙원에 처음 놓여졌습니다. 그러나 죄가 들어 왔고 죄와 함께 고통과 비참함의 모든 슬픈 결과가 나타났습니다.

그러므로 첫 사람, 아담이 잃어버린 것을 회복하고 복구시키기 위해 이 땅에 오셨던 분은 먼저 비참한 궁핍과 비참함을 말하는 환경에서 먼저 나타나셨습니다. 그리고 태어나신 후 조금 후에 예수님은 이집트로 내려가셨는 데, 이것은 하나님께서 그분의 백성인 이스라엘이 비참하고 비참한 민족 역사를 시작한 곳과 같은 곳에서 그분의 아들을 부르시기 위해 주님은 이집트로 내려가셔야 했습니다. 이렇게 슬픔의 사람은 자신을 인간의 고통과 동일시하셨습니다.

(7) 주님은 구유에 누워 계셨는데, 그곳이 희생의 장소였기 때문입니다. 구유는 동물의 생명을 유지하기 위해 식물의 생명이 희생되는 장소였습니다. 그러므로 그분의 죽음을 통해 우리가 살아날 수 있도록 그분의 백성을 위해 목숨을 버리시고 위대한 희생 제물이 되시려고 오신 그분께는 이곳이 적합한 장소였습니다. 그러므로 성육신하신 구세주의 아기 몸을 받도록 하나님께서 지정하신 장소는 놀랍도록 암시적이고 상징적인 디자인으로 가득 차 있었습니다. 누가복음에서만 밤에 양떼를 지키던 목자들에게 주님의 천사가 나타나 말하는 장면을 볼 수 있습니다.

[10]천사가 이르되 무서워하지 말라 보라 내가 온 백성에게 미칠 큰 기쁨의 좋은 소식을 너희에게 전하노라 [11]오늘 다윗의 동네에 너희를 위하여 구주가 나셨으니 곧 그리스도 주시니라(눅 2:10, 11)

여기서 태어난 이는 "유대인의 왕"이 아니라 "구세주 곧 주 그리스도"로서 이스라엘의 경계를 넘어 이방인까지 포용하는 칭호로 언급되고 있음을 주목하십시오. 또한, 누가복음에서만 우리는 구세주를 열두 살 소년으로서 예루살렘에 올라가서 성전에서 의사들 가운데 앉아서 듣고 질문하시는 모습을(누가2:46) 볼 수 있습니다. 이것은 얼마나 강렬하게 인간적인지 모릅니다. 그러나 "소년 예수님의 말씀을 들은 모든 사람이 그분의 이해와 대답에 놀라더라"라는 구절에서 그분이 인간 그 이상이라는 강한 힌트가 나란히 나옵니다. 또한 누가복음에서만 다음의 말씀을 기록합니다.

예수께서 함께 내려가사 나사렛에 이르러 순종하여 받드시더라(눅 2:51)

이것은 주님의 인성의 탁월함을 드러냅니다. 그리고 예수께서 하나님뿐만 아니라 인간과 맺은 모든 관계의 책임을 완벽하게 이행하는 분이심을 보여줍니다. 그리고 누가복음 2장의 마지막 구절인 "예수께서 지혜와 키가 자라고 하나님과 사람에게 은혜를 입으셨다"는 구절은 얼마나 놀랍도록 적절한 지 모릅니다. 다른 복음서에는 이런 구절이 없지만 누가복음에 이런 구절이 없었다면 불완전했을 것입니다. 누가가 다른 복음서와 마찬가지로 자료를 선택할 때 하나님의 영의 인도를 받았다는 증거가 바로 이것입니다.

누가복음 3장은 침례 요한의 인물과 사명을 소개하는 것으로 시작됩니다. 마태복음과 마가복음은 모두 이러한 내용을 언급했지만 누가는 자신만의 특징적인 설명을 추가합니다. 누가복음에서만 다음과 같은 설명이 있습니다.

[1]디베료 황제가 통치한 지 열다섯 해 곧 본디오 빌라도가 유대의 총독으로, 헤롯이 갈릴리의 분봉 왕으로, 그 동생 빌립이 이두래와 드라고닛 지방의 분봉 왕으로, 루사니아가 아빌레네의 분봉 왕으로 [2]안나스와 가야바가 대제사장으로 있을 때에 하나님의 말씀이 빈 들에서 사가랴의 아들 요한에게 임한지라(눅 3:1-2)

이러한 인간 관계와 관련하여 역사적으로 흥미로운 점입니다. 누가복음에서만 아래와 같은 질문을 하는 인간관계적인 구절이 등장합니다.

무리가 물어 이르되 그러면 우리가 무엇을 하리이까(눅 3:10)

세리들도 침례를 받고자 하여 와서 이르되 선생이여 우리는 무엇을 하리이까 하매(눅 3:12)

군인들도 물어 이르되 우리는 무엇을 하리이까 하매 이르되 사람에게서 강탈하지 말며 거짓으로 고발하지 말고 받는 급료를 족한 줄로 알라 하니라(눅 3:14)

무리가 등장하고, 세리가 등장하고, 군인들도 등장합니다. 누가복음만이 주님이 침례받으실 때에 모든 백성들과 직접적으로 관련이 있다는 것을 보여줍니다.

백성이 다 침례를 받을새 예수도 침례를 받으시고 기도하실 때에 하늘이 열리며(눅 3:21)

모든 백성이 침례를 받을 때에 예수님도 침례를 받으시는 것을 보여줌으로써 예수님이 평민의 수준으로 내려오셨다는 것을 알려줍니다. 그리고 누가복음에서는 예수께서 공생애를 시작하셨을 때(눅 3:23)의 나이에 대해 이야기하는데, 이것은 그분의 인성과 관련하여 또 다른 관심의 지점입니다.

누가복음 3장은 인자의 족보에 대한 기록으로 끝나는데, 누가복음에서 우리가 가지고 있는 족보와 마태복음 1장에서 발견되는 것 사이에 눈에 띄는 차이점이 있습니다. 마태복음은 다윗의 아들의 왕족 족보이지만, 누가복음에서는 그분의 지극히 개인적인 족보입니다. 마태복음에는 요셉을 통한 예수님의 혈통이 나와 있고, 누가복음에는 마리아를 통한 그분의 조상이 나와 있습니다. 마태복음에서는 아브라함으로부터 그분의 족보가 흘러나오고, 누가복음에서는 거슬러 올라가서 아담까지 이릅니다. 이것은 매우 인상적이며, 각 복음서의 각 성격과 범위를 분명하게 드러내 줍니다. 마태복음에서는 그리스도와 이스라엘의 관계를 보여 주고 있기 때문에 유대 민족의 조상인 아브라함까지 거슬러 올라가지 않지만, 여기서는 인류와의 관계를 보여 주고 있기 때문에 누가복음에서는 인류의 조상인 아담까지 거슬러 올라갑니다. 그러나 특히 마지막에 "아담은 하나님의 아들이었다"(눅 3:38)고 말하는 것을 주목하십시오. 따라서 그리스도의 인성은 여기서 단순히 아담으로 거슬러 올라가는 것이 아니라 아담을 통해 하나님 자신으로 직접 거슬러 올라갑니다. 이것은 히브리서 10장 5절에 나오는 주 예수의 말씀, 즉 "주께서 나를 위하여 예비하신 몸"과 아주 놀랍도록 일치합니다.

> 그러므로 주께서 세상에 임하실 때에 이르시되 하나님이 제사와 예물을 원하지 아니하시고 오직 나를 위하여 한 몸을 예비하셨도다(히 10:5)

누가복음 4장은 "예수께서 성령 충만하사 요단강에서 돌아오사 성령의 인도하심을 따라 광야로 들어가 사십 일 동안 마귀의 시험을 받으시니"로 시작됩니다. 오직 여기에서만 즉 누가복음에서만 예수께서 요단강에서 돌아오실 때 "성령으로 충만"하셨다는 사실을 알려줍니다. 그런 다음 유혹과 시험에 대한 이야기가 이어집니다. 마태복음과 누가복음 사이에는 그리스도에 대한 사탄의 세 가지 공격에 대한 언급의 순서에 차이가 있음을 주의 깊게 관찰한 사람이라면 알 수 있을 것입니다. 마태복음에서는 첫째, 돌을 빵으로 만들으라고 말하고, 둘째, 성전 꼭대기에서 몸을 던지라고 명령하고, 셋째, 사탄에게 경배하는 조건으로 이 세상의 모든 왕국을 예수님께 준다고 제안하는 순서로 되어 있습니다. 그러나 여기 누가복음에서는 첫째, 돌을 빵으로 만들으라는 요청이 있고, 둘째 세상 왕국을 제안하고 있으며, 셋째는 성전 꼭대기에서 자신을 던지라는 도전이 있습니다.

순서	마태복음	누가복음
첫째	돌을 빵으로 만들라	돌을 빵으로 만들라
둘째	성전꼭대기에서 몸을 던져라	세상왕국을 주겠다

셋째 세상왕국을 주겠다   성전꼭대기에서 몸을 던져라

이러한 변화의 이유는 어렵지 않게 찾을 수 있습니다. 마태복음에서는 세상 모든 왕국을 다스리는 통치권을 마귀가 다윗의 아들 앞에 던진 마지막 미끼로 만들기 위해 그 순서가 절정에 달하도록 배열되어 있습니다. 그러나 누가복음에는 의심할 여지없이 연대순, 즉 실제로 일어난 순서가 있으며, 이는 누가복음에서와 같이 육신의 정욕, 안목의 정욕, 이생의 자랑에 대한 호소가 이루어진 에덴에서 첫 남자와 그의 아내의 유혹 순서와 일치합니다(요일 2:16 참조 및 창 3:6 비교).

이는 세상에 있는 모든 것이 육신의 정욕과 안목의 정욕과 이생의 자랑이니 다 아버지께로부터 온 것이 아니요 세상으로부터 온 것이라(요일 2:16)

여자가 그 나무를 본즉 먹음직도 하고 보암직도 하고 지혜롭게 할 만큼 탐스럽기도 한 나무인지라 여자가 그 열매를 따먹고 자기와 함께 있는 남편에게도 주매 그도 먹은지라(창 3:6)

또한 누가는 "예수께서 성령의 능력으로 갈릴리로 돌아오셨다"(4:14)고 말한 유일한 사람으로, 옛 뱀이 이 땅에서 성육신하신 하나님의 아들과 하늘에 계신 아버지 사이에 존재하는 완전한 교제를 방해하는 데 완전히 실패했음을 보여줍니다. 끔찍한 싸움이 끝난 후, 예수님은 줄어들지 않은 "성령의 능력"으로 갈릴리로 돌아 오셨습니다. 예수님이 당하신 유혹과 시험 다음에 누가는 다음을 기록합니다.

예수께서 그 자라나신 곳 나사렛에 이르사 안식일에 늘 하시던 대로 회당에 들어가사 성경을 읽으려고 서시매(눅 4:16)

누가는 또한 이 부분을 언급하는 유일한 사람입니다. 우리 주님의 인성

과 관련하여 또 다른 흥미로운 지점으로, 그분이 자란 곳을 알려주고 안식일마다 그분이 어떻게 그곳에 머물러 계셨는지를 보여 줍니다. 이어지는 말씀에는 매우 중요하고 암시적인 구절이 있습니다.

17선지자 이사야의 글을 드리거늘 책을 펴서 이렇게 기록된 데를 찾으시니 곧 18주의 성령이 내게 임하셨으니 이는 가난한 자에게 복음을 전하게 하시려고 내게 기름을 부으시고 나를 보내사 포로 된 자에게 자유를, 눈 먼 자에게 다시 보게 함을 전파하며 눌린 자를 자유롭게 하고 19주의 은혜의 해를 전파하게 하려 하심이라 하였더라(눅 4:17-19)

예수님은 그 책을 읽으실 때에 찾으시는 페이지를 마법처럼 바로 열지 않으시고 다른 이들처럼 그 지점을 찾을 때까지 페이지를 넘기셨습니다. 다른 사람들은 이 사건에 일어난 또 다른 것에 주목했는데, 그것은 매우 암시적인 것이었습니다. 나사렛의 회당에서 예수께서는 이사야 61장의 서두 말씀을 읽으셨는데, 누가복음 4장에 기록된 선지자의 기록과 주님께서 읽으신 말씀을 비교해보면 가장 중요한 지점에서 멈추셨다는 것을 알 수 있을 것입니다. 이사야는 "주의 영이 그 위에 임하셨으니 이는 온유한 자에게 기쁜 소식을 전하여 주님의 기쁜 해와 우리 하나님의 보복의 날을 전파하게 하려 하심이라"고 말하지만, 누가복음 4장에서는 예수께서 "주의 영이 그 위에 임하셨으니 이는 가난한 자에게 복음을 전하여 주님의 기쁜 해를 선포하게 하려 하심이라"를 읽으신 후 바로 그 다음 "책을 덮으셨다"고 기록되어 있기 때문에 주님께서 거기서 멈추셨음을 알 수 있습니다. 주님은 이사야를 읽으시다가 문장 도중에 멈추시고 쉼표로 결론을 내리셨습니다. 왜 주님은 그 구절을 완성하지 않으시고 "하나님의 복수의 날"을 추가하지 않으신 것일까요?

이에 대한 답은, "하나님의 복수의 날"은 예수님의 첫 번째 재림 때 그분의 사명 범위에 속하지 않았기 때문입니다. "복수의 날"은 아직 미래의 일입니다. 예수님은 우리에게 "진리의 말씀을 바르게 구분(딤후 2:15)"하는 모범을 보이셨습니다. 예수께서 그날 나사렛 회당에서 책을 덮으시면서 "오늘 이 성경이 너희 귀에 응하였느니라"(눅 4:21)고 선언하셨고, 그때 "응한 것"은 이사야 61장 1, 2절에서 읽어 주신 부분이며, 이사야 61장 2절의 나머지는 아직 장래 일과 관련이 있으므로 그때는 응하지 않았으므로 읽지 않으셨습니다. 이 후에 예수께서 손에 "책"을 들고 계시는 장면은 요한계시록 5장 7절에 나옵니다.

> 그 어린 양이 나아와서 보좌에 앉으신 이의 오른손에서
> 두루마리를 취하시니라(계5:7)

거기서 우리는 예수님이 그 책을 펴시는 장면(계시록 6장 1절 등 참조)을 읽을 수 있는 데, 놀라운 것은 주님께서 그 책을 펴실 때 오랫동안 지연되었던 하나님의 보복의 날이 시작된다는 것입니다! 이러한 점은 필자보다 먼저 다른 사람들에 의해 언급되었지만, 그들도 누가만이 이 사실을 언급한 유일한 사람이라고는 지적하지 않았습니다. 그날 예수께서 나사렛 회당에서 이사야 61장 2절 전체를 읽지 않으신 데에는 경륜적인 이유가 있었습니다. 그 뿐만 아니라 누가에게는 그리스도의 사람으로서의 완전성을 제시하는 것이 그의 행복한 임무였습니다. 그리고 누가는 하나님의 복수의 날에 관한 예수님의 침묵에 또한 주목했습니다.

누가복음의 각 장에 대한 해설을 시도하는 것은 현재 필자의 목적을 넘어서는 것입니다. 필자는 누가복음 전체를 세밀하게 살피고자 함이 아닙니다. 단순히 누가복음의 몇 가지 두드러진 특징에 주의를 환기시키고, 아이디어를 제안하고자 함입니다. 누가복음에는 다른 세 복음서에는 없는

내용이 너무 많아서 모든 특징을 자세히 살펴보기 위해서는 많은 분량이 필요할 것입니다. 그렇게 하는 것이 필자의 목적이 아니므로, 여기저기의 몇 가지만 골라내는 것으로 만족해야 할 것 같습니다.

누가복음 7장에는 나인성의 과부의 아들을 일으켜 세운 이야기가 기록되어 있습니다. 다른 복음서에서는 이 이야기에 대해 언급하지 않습니다. 이 장면에는 누가복음의 중심 주제인 인간의 필요, 인간관계, 인간적 동정심을 드러내는 데 도움이 되는 몇 가지 문장이 있습니다. 여기서 그리스도께서 살린 이는 "한 엄마의 외아들"이었고 그 어머니는 "과부"였습니다. 주님께서 그 과부를 보셨을 때 울지 않으셨습니다. 죽은 자에게 일어나라고 명령하시기 전에 예수께서는 먼저 오셔서 빈소를 만지셨습니다. 죽은 자가 살아난 후에 그를 과부에게 인도하셨다는 점에 주목할 수 있습니다.

누가복음 8장 2-3절입니다:

[2]또한 악귀를 쫓아내심과 병 고침을 받은 어떤 여자들 곧 일곱 귀신이 나간 자 막달라인이라 하는 마리아와 [3]헤롯의 청지기 구사의 아내 요안나와 수산나와 다른 여러 여자가 함께 하여 자기들의 소유로 그들을 섬기더라(눅 8:2-3)

이것은 주님께서 사람의 아들로 오셨다는 것을 아주 잘 보여줍니다. 다른 복음서에는 이와 같은 내용이 없는데, 그럴 만한 이유가 있습니다. 마태복음에서는 위와 같은 여성들에게 섬김을 받는다는 것은 유대인 왕의 품위에 어긋나는 일이었을 것입니다. 마가복음의 범위에서 또한 벗어나는 이유는 하나님의 종은 모든 필요를 공급받기 위해 오직 하나님만 바라보아야 한다는 것을 보여 주셨기 때문입니다. 요한복음은 또한 예수님의 신성한 영광을 말하기 때문에 그것을 언급하지 않았습니다. 하지만 위의 내용은 그리스도의 인성을 다루는 누가복음에서는 완벽하게 적절하고 조명적입니다.

위에서 누가는 나인성에서 그리스도에 의해 죽음에서 살아난 사람이 과부의 외아들이었음을 알려주었는데, 이제 동일한 특징이 언급된 다른 두 가지 예를 누가복음에서 또한 발견할 수 있습니다. 첫 번째는 야이로의 딸과 관련된 것입니다. 마태는 다음과 같이 말합니다:

예수께서 이 말씀을 하실 때에 한 관리가 와서 절하며 이르되 내 딸이 방금 죽었사오나 오셔서 그 몸에 손을 얹어 주소서 그러면 살아나겠나이다 하니
(마 9:18)

마가는 다음과 같이 말합니다:

22회당장 중의 하나인 야이로라 하는 이가 와서 예수를 보고 발 아래 엎드리어 23 간곡히 구하여 이르되 내 어린 딸이 죽게 되었사오니 오셔서 그 위에 손을 얹으사 그로 구원을 받아 살게 하소서 하거늘(막 5:22-23)

그러나 누가는 다음과 같이 추가적인 정보를 말하며 설명합니다:

41이에 회당장인 야이로라 하는 사람이 와서 예수의 발 아래에 엎드려 자기 집에 오시기를 간구하니 42이는 자기에게 열두 살 된 외딸이 있어 죽어감이러라(누가 8:41-42)

두 번째 예는 귀신 들린 아이의 아버지가 예수님의 제자들의 손을 빌려 구원을 구한 경우입니다. 마태는 이렇게 말합니다:

14그들이 무리에게 이르매 한 사람이 예수께 와서 꿇어 엎드려 이르되 15주여 내 아들을 불쌍히 여기소서 그가 간질로 심히 고생하여 자주 불에도 넘어지며 물에

도 넘어지는지라 ¹⁶내가 주의 제자들에게 데리고 왔으나 능히 고치지 못하더이다 (마 17:14-16)

그러나 누가는 우리에게 이렇게 말합니다.

³⁸무리 중의 한 사람이 소리 질러 이르되 선생님 청컨대 내 아들을 돌보아 주옵소서 이는 내 외아들이니이다 ³⁹귀신이 그를 잡아 갑자기 부르짖게 하고 경련을 일으켜 거품을 흘리게 하며 몹시 상하게 하고야 겨우 떠나 가나이다 ⁴⁰당신의 제자들에게 내쫓아 주기를 구하였으나 그들이 능히 못하더이다(눅 9:38-40)

이와같이 누가는 각각의 경우에 치유된 사람이 외아들이라는 사실에 주목하여 인간의 동정심에 호소합니다. 누가는 부상당한 나그네를 돌보는 선한 사마리아인의 절묘한 이야기를 기록한 유일한 사람으로, 이 사건의 그림에는 누가복음의 독특한 성격을 두드러지게 드러내는 설명이 많이 있습니다.

첫째, 강도들은 그 여행자를 옷을 벗기고 상처를 입힌 후 반쯤 죽은 채로 떠나는 모습을 볼 수 있습니다. 이것이 타락한 인간 본성의 불법, 탐욕, 잔인함, 무자비함을 아주 잘 드러냅니다.

둘째, 길가에 힘없이 누워있는 부상당한 여행자의 불쌍한 상태를 보았지만 반대편으로 지나간 제사장을 볼 수 있습니다. 그 제사장 뒤에는 레위인이 있었는데, 그 또한 도움이 절실히 필요한 불쌍한 사람을 와서 바라보았지만 역시 반대편으로 지나갔습니다. 따라서 우리는 그러한 성직자들에게서 그렇게 동정심이 필요한 사람에 대한 이기심, 냉담함, 잔인한 무관심을 목격합니다. 이와는 대조적으로, 사마리아인의 모습으로 오셔서, 불쌍한 나그네가 누워 있는 곳에 찾아가셔서 연민으로 움직이시는 구세주의 은혜를 보게 됩니다. 예수님은 반대편으로 지나치는 대신에, 그에게 찾아가셔서 상처를 싸매고 자신의 짐승에 태워 주막으로 데려가셔서 그를 위해 모든 것을 준비해 주십니다. 이 사건은 완전하신 인자(the Son of Man)와 타락하고 부패한 인간의 아들들 사이에 존재하는 무한한 대조를 보여줌으로써 누가복음 전체의 범위를 요약합니다.

누가복음 11장에는 더러운 영이 어떤 사람에게서 나갔다가 나중에 그의 집으로 다시 돌아와서 그 곳이 청소되고 깨끗해진 것을 발견하는 내용을 읽게 됩니다. 그런 다음 이 더러운 영은 자신보다 더 악한 다른 일곱 영을 데리고 가서 그 집에 들어가 거하니 그 사람의 마지막 상태가 처음보다 더 나쁘게 됩니다(눅 11:24-26).

²⁴더러운 귀신이 사람에게서 나갔을 때에 물 없는 곳으로 다니며 쉬기를 구하되 얻지 못하고 이에 이르되 내가 나온 내 집으로 돌아가리라 하고 ²⁵가서 보니 그 집이 청소되고 수리되었거늘 ²⁶이에 가서 저보다 더 악한 귀신 일곱을 데리고 들어가서 거하니 그 사람의 나중 형편이 전보다 더 심하게 되느니라(눅 11:24-26)

마태복음도 12장 43-45절에서 거의 동일한 언어로 이 내용을 언급하지만, 누가는 마태가 이야기를 마무리하면서 말하는 문장을 생략하고 있다는 것을 알아차리는 것은 매우 중요합니다.

⁴³더러운 귀신이 사람에게서 나갔을 때에 물 없는 곳으로 다니며 쉬기를 구하되 쉴 곳을 얻지 못하고 ⁴⁴이에 이르되 내가 나온 내 집으로 돌아가리라 하고 와 보니 그 집이 비고 청소되고 수리되었거늘 ⁴⁵이에 가서 저보다 더 악한 귀신 일곱을 데리고 들어가서 거하니 그 사람의 나중 형편이 전보다 더욱 심하게 되느니라 이 악한 세대가 또한 이렇게 되리라(마 12:43-45)

마태복음 12장에서 주님은 "이 악한 세대에게도 이와 같이 되리라"고 말씀하시면서 이 사건을 유대 민족에게 적용하셨습니다. 이것은 이스라엘로 제한하는 경륜적 적용이었습니다. 그러나 누가는 적절하게도 이러한 한정어를 생략했습니다. 왜냐하면 누가복음에서 이 사건은 더 광범위한 계층, 즉 복음을 듣고 회개하지만 결코 거듭나지 않는 사람들의 상태를 나타내는 더 넓은 적용을 말합니다. 즉 도덕적 적용을 가지고 있기 때문입니다. 그러한 사람들은 자신들의 마음의 집을 청소했지만, 쓸고 깨끗하게 했지만, 여전히 비어 있습니다. 하나님의 영이 그들 안에 거하지 않습니다. 그들은 어리석은 처녀들과 같습니다. 그들은 지혜로운 처녀들과 어울렸습니다. 공적 고백의 상징인 등을 가지고 있었습니다. 하지만 그들은 그 용기에 성령의 상징인 기름이 없었습니다. 이러한 개혁의 경우, 변화의 경우는 처음에는 진정으로 중생한 것처럼 보인다. 하지만 결국은 가짜인것이 증명된다. 그리고 그들의 마지막 상태는 처음 상태보다 더 나빠지고 말았다. 그들은 자기 자신의 배신적인 마음에 속았다. 사탄에 의해서 속임을 당하고 눈이 멀었다. 결국 하나님의 진리에 도달하기가 훨씬 더 어렵습니다.

누가복음 12장에는 나사렛 회당에서 이사야 61장 2절의 마지막 말씀을 읽으실 때 주님께서 이사야 61장 2절의 마지막 말씀을 생략하신 것에 대해 누가가 지적한 것과 원칙적으로 유사한 사건이 기록되어 있습니다. 누가복음 12장에는 어떤 사람이 그리스도께 와서 다음과 같이 말합니다.

무리 중에 한 사람이 이르되 선생님 내 형을 명하여 유산을 나와 나누게 하소서 하니(눅 12:13)

그러나 주님은 이 요청을 거절하십니다.

이르시되 이 사람아 누가 나를 너희의 재판장이나 물건 나누는 자로

세웠느냐 하시고(눅 12:13)

주님이 왜 거절하셨는 지에 대해서 누가는 유일하게 그 이유를 설명해 줍니다. 마태복음에서는 예수께서 유산의 관리인으로서 권위의 자리를 차지하고 관리자로서의 역할을 거부한 사건을 언급하는 것은 조화를 이루지 못했을 것입니다. 마가복음에서도 또한 종이 심판자와 분할자의 직위를 차지하도록 요청받은 이 사건을 언급하는 것이 그 복음서의 범위를 벗어났을 것입니다. 그러나 이 경우에 "누가 나를 너희를 재판관이나 나누는 자로 삼았느냐?"라는 그리스도의 말씀은 그분이 "사람의 아들"로서 취하신 낮은 자리를 다시 한 번 우리에게 보여줄 뿐이기 때문에 누가복음에서 그 자리를 찾아야 하는 것이 적절합니다.

누가복음 14장에는 다른 곳에서는 찾아볼 수 없는 비유가 기록되어 있습니다.

7청함을 받은 사람들이 높은 자리 택함을 보시고 그들에게 비유로 말씀하여 이르시되 8네가 누구에게나 혼인 잔치에 청함을 받았을 때에 높은 자리에 앉지 말라 그렇지 않으면 너보다 더 높은 사람이 청함을 받은 경우에 9너와 그를 청한 자가 와서 너더러 이 사람에게 자리를 내주라 하리니 그 때에 네가 부끄러워 끝자리로 가게 되리라 10청함을 받았을 때에 차라리 가서 끝자리에 앉으라 그러면 너를 청한 자가 와서 너더러 벗이여 올라 앉으라 하리니 그 때에야 함께 앉은 모든 사람 앞에서 영광이 있으리라 11무릇 자기를 높이는 자는 낮아지고 자기를 낮추는 자는 높아지리라(눅 14:7-11)

이 비유는 누가복음의 성격과 범위에 아주 잘 부합합니다.

첫째, 이 비유는 최고의 자리를 추구하고 명예와 영광의 자리를 노리는 타락한 인간 본성의 일반적인 경향에 대해 매우 필요한 책망을 전합니다.

둘째, 온유와 겸손의 정신을 심어주며 낮은 자리를 차지하라고 권고합니다.

셋째, 영광의 주님께서 친히 행하신 일, 즉 하늘에서 존엄과 영광의 자리를 버리고 이 땅에서 가장 '낮은' 자리를 취하신 일을 분명히 그림자처럼 보여 줍니다.

누가복음이 신약성경의 세 번째 책(현현을 의미하는 숫자)이라는 사실에 따라, 우리는 누가복음 15장에서 신격의 세 위격이 각각 죄인의 구원에 적극적으로 관여하는 것을 우리에게 계시해주는 비유가 있음을 알 수 있습니다. 이 비유가 세 부분으로 이루어진 하나의 비유라는 점이 매우 인상적인데, 이 세 부분을 종합하면 성부, 성자, 성령의 인격 안에서 참되신 한 분 하나님을 온전히 드러내 줍니다.

누가복음 15장은 잃어버린 자를 찾으시고 구원하시는 하나님이라는 제목이 잘 어울립니다. 탕자를 다룬 이 비유의 세 번째 부분에서는 죄인이 실제로 아버지의 면전으로 나아와 그곳에서 따뜻한 환영을 받고, 적절한 옷을 입고, 행복한 교제를 나누며 그분의 식탁에 앉는 모습을 보여 줍니다. 앞부분에서 우리는 죄인이 화해하기 전에 하나님 편에서 필요한 것이 무엇인지를 배웁니다. 비유의 두 번째 부분은 죄로 죽은 사람을 찾아다니시며 그를 비추시는 성령의 사역을 우리 앞에 보여 줍니다. 이것은 하나님의 말씀의 등불을 상징하는 빛을 손에 들고 잃어버린 것을 찾을 때까지 부지런히 찾는 한 여인의 모습 아래에서 이루어집니다. 특히 성령께서 죄인 안에서 일하시는 것처럼 여인의 일이 집 안에서 이루어졌다는 점에 주목해야 합니다. 비유의 첫 부분에서는 지금의 하나님의 영의 역사에 앞서 일어난 일을 보여 줍니다. 성령의 사역은 그리스도의 사역을 보완하는 것이므로, 누가복음 15장의 시작 부분에서 예수님 그 분은 잃어버린 양을 찾고 구원하기 위해 나간 목자의 모습 아래 우리 앞에 계십니다. 따라서 비유의 첫 번째 부분은 우리를 위한 하나님의 일을 말하고, 두 번째 부분은 우리 안에서의 하나님의 일을 말하고, 세 번째 부분은 그러한 일들의 복된 결과와 이어지는 행복한 이야기를 말해줍니다. 따라서 세 부분으로 구성된 이 한가지 비유에서 우리는 삼위일체의 세 위격 안에 계신 한 분 하나님을 계시했으며, 잃어버린 자를 찾고 구원하는 일에서 완전히 드러났습니다.

누가복음 15장에서 우리 앞에 있었던 내용과 완전히 일치하지만, 현저하고 엄숙한 대조를 이루지만, 누가복음 16 장에서 우리는 예수님께서 죽음 이후의 잃어버린 자의 상태를 완전히 드러내신다는 것을 알게 됩니다. 사복음서 어디에서도 여기에서처럼 저 세상으로 간 사람들의 상태를 우리로부터 분리하고 숨기는 휘장을 걷히는 것을 찾아 볼 수 없습니다. 여기서 주님은 죽음 이후 부자의 경험을 통하여 잃어버린 자들의 고통에 대한 예를 제시합니다.

[23]그가 음부에서 고통중에 눈을 들어 멀리 아브라함과 그의 품에 있는 나사로를 보고 [24]불러 이르되 아버지 아브라함이여 나를 긍휼히 여기사 나사로를 보내어 그 손가락 끝에 물을 찍어 내 혀를 서늘하게 하소서 내가 이 불꽃 가운데서 괴로워하나이다 [25]아브라함이 이르되 얘 너는 살았을 때에 좋은 것을 받았고 나사로는 고난을 받았으니 이것을 기억하라 이제 그는 여기서 위로를 받고 너는 괴로움을 받느니라 [26]그뿐 아니라 너희와 우리 사이에 큰 구렁텅이가 놓여 있어 여기서 너희에게 건너가고자 하되 갈 수 없고 거기서 우리에게 건너올 수도 없게 하였느니라(눅 16:23-26)

여기서 우리는 저주받은 자들이 지금도 고통의 장소에 있다는 것을 알게 됩니다. 그들은 고통 가운데 있습니다. 구속받은 자들의 행복한 유산을 그들이 볼 때에, 그들의 끔찍한 비참함은 더욱 강조됩니다. 그러나 구원받은 자와 멸망하는 자들 사이에는 건너갈 수 없는 큰 간격이 고정되어 있어서 한 쪽이 다른 쪽으로 갈 수 없습니다. 지옥에 있는 사람들의 기억은 여전히 생생합니다. 이에 자신들이 이 땅에 낭비한 기회들을 기억하게 됩니다. 이에 그들은 자비를 구하고 불타는 고통을 완화하기 위해 물을 달라고 애원하지만 거부당하고 있습니다. 이것은 말할 수 없을 정도로 엄숙합니다. 아직 이 땅에 있는 모든 사람에게 다가올 진노를 피하고 그것으로부터 구해 주실 수 있는 유일한 분께 피난처를 마련하라는 가장 예리한 경고입니다.

이제 누가복음 19장으로 가면, 누가가 다른 복음서에는 없는 내용을 어떻게 기록하고 있는지 관찰할 수 있습니다.

> 41가까이 오사 성을 보시고 우시며 42이르시되 너도 오늘 평화에 관한 일을 알았더라면 좋을 뻔하였거니와 지금 네 눈에 숨겨졌도다(눅 19:41-42)

이 구절은 주님의 인간적인 동정심을 아주 잘 이끌어 내고 있습니다. 예루살렘을 바라보시며 곧 그곳에 닥칠 불행을 예견하셨을 때, 인자께서는 눈물을 흘리셨습니다. 그분은 금욕주의자가 아니라 이 땅의 고통받는 자들에 대한 연민으로 마음이 가득 찬 분이셨습니다.

누가복음을 마무리하면서, 우리는 누가복음에서 특히 두드러지고 주제와 범위와 일치하는 일곱 가지 특징을 말할 수 있습니다.

1. 타락한 인간 본성에 대해 아주 자세하게 설명합니다.

누가복음은 주님의 인성에 관한 복음서입니다. 주님은 어둠 속에서 빛을 비추시는 참빛이시므로, 누가복음에서는 타락한 인간 본성의 특징이 다른 곳에서는 볼 수 없는 방식으로 드러납니다. 누가의 특별한 의도는 주 예수님을 사람의 아들들(the sons of men)과 대조되는 인자(the Son of Man)로 제시하는 것입니다. 따라서 아담의 타락한 후손의 모든 구성원의 타락, 무능력, 퇴보 및 영적 죽음이 누가복음에서 그토록 충만하고 명확하게 드러납니다. 기적을 행하시는 하나님의 능력이 개입하기 전까지 침례 요한의 어머니는 영적 열매가 전혀 없는 타락한 인간 본성의 상징인 불임 상태였습니다. 그의 아버지는 제사장이었지만 하나님의 사자가 다가올 기적을 그에게 알렸을 때 불신앙으로 가득 차 있었다는 사실을 누가복음에서만 읽을 수 있습니다. 누가복음에서 온 세상이 "세금"(눅 2:1)을 부과 받았다는 내용이 나오는 데, 이는 사탄이 포로된 백성들에게 부과한 짐을 암시하는 상징입니다. 마리아가 아들을 낳았을 때 "여관에 그들을 위한 방이 없었다"는 것은 처음부터 세상이 구세주를 거부했음을 의미합니다.

예수께서 나사렛의 회당에 오셔서 이사야 선지자의 말씀을 읽으시면서 자신의 말씀을 덧붙이시는 것을 언급하는 것은 누가복음이 유일합니다.

[28]회당에 있는 자들이 이것을 듣고 다 크게 화가 나서 [29]일어나 동네 밖으로 쫓아내어 그 동네가 건설된 산 낭떠러지까지 끌고 가서 밀쳐 떨어뜨리고자 하되(눅 4:28-29)

그분을 가장 잘 알았어야 할 사람들이 하나님과 그분의 그리스도에 대한 육신의 마음이 소유하고 있는 끔찍한 적대감을 이렇게 드러 냈습니다.

예수께서 한 동네에 계실 때에 온 몸에 나병 들린 사람이 있어 예수를 보고 엎드려 구하여 이르되 주여 원하시면 나를 깨끗하게 하실 수 있나이다 하니(눅 5:12)

위의 구절은 누가복음에만 나옵니다. 다른 복음서에서도 이 사건에 대해 언급하고 있지만 누가복음에서만 이 기적의 주인공이 나병 환자였다는 사실을 알려줍니다.

문둥병은 잘 알려진 죄의 모습이며, 인간의 전적인 타락이 완전히 드러난 것은 누가복음에서만 볼 수 있습니다. 누가복음에서만 그리스도의 제자들이 구주를 영접하지 않은 사람들을 삼키기 위해 하늘에서 불을 내려달라고 허락해 달라고 간청하는 이야기가 나옵니다(눅 9:51-55).

51예수께서 승천하실 기약이 차가매 예루살렘을 향하여 올라가기로 굳게 결심하시고 52사자들을 앞서 보내시매 그들이 가서 예수를 위하여 준비하려고 사마리아인의 한 마을에 들어갔더니 53예수께서 예루살렘을 향하여 가시기 때문에 그들이 받아들이지 아니 하는지라 54제자 야고보와 요한이 이를 보고 이르되 주여 우리가 불을 명하여 하늘로부터 내려 저들을 멸하라 하기를 원하시나이까 55예수께서 돌아보시며 꾸짖으시고(눅 9:51-55)

잘 알려진 선한 사마리아인의 비유에서 그리스도께서는 도둑들 사이에 쓰러져 옷을 벗김을 당하고, 심하게 다쳐 반쯤 죽은 채 길가에 방치된 사람의 모습 아래서 자연인의 비참한 상태를 묘사하셨다는 것은 바로 여기 누가복음입니다. 어리석은 부자가 다음과 같이 외치는 것은 오직 누가복음에서 뿐입니다.

또 내가 내 영혼에게 이르되 영혼아 여러 해 쓸 물건을 많이 쌓아 두었으니
평안히 쉬고 먹고 마시고 즐거워하자 하리라 하되(눅 12:19)

뽐내고 싶은 인간의 마음이 변하지 않는 경향을 보여줍니다. 누가복음 15장에서 죄인을 길 잃은 양에 비유한 것도 바로 여기에서입니다. 양은 한 번 길을 잃으면 자신의 울타리에서 점점 더 멀어질 수밖에 없는 감각이 없는 동물이기 때문입니다. 누가복음에서만 정확하게 하나님으로부터 멀

어져 방탕한 생활로 물질을 낭비하고, 궁핍한 상태로 전락하여 먼 나라에서 돼지가 먹은 껍질 외에는 먹을 것을 찾지 못하는 탕자의 모습을 볼 수 있습니다. 상처투성이로 대문 앞에 누워있는 불쌍한 거지를 방치한 부자의 무자비한 무관심에 대해 누가복음만이 말해주고 있습니다. 성전에 있는 바리새인의 모습에서 인간의 자기의가 온전히 드러나는 것은 바로 여기 누가복음입니다(누가복음 18장). 이러한 것들에 대해서 수도없이 더 말할 수 있습니다. 이 단락의 서두에서 말한 것이 필자의 진술을 증명하기에 충분하다고 생각합니다.

2. 누가가 비유를 소개하는 방식입니다

누가복음의 성격과 범위와 완벽하게 일치하여, 우리는 루카가 대부분의 비유와 그가 서술한 다양한 사건들, 그리고 우리 주님의 가르침의 특정 부분을 자신만의 독특한 방식으로 소개하고 있음을 발견합니다. 다른 복음서의 유사 구절과 비교하고 지금 이탤릭체로 표시한 단어에 주목하면 독자 여러분이 이러한 것들을 분명하게 알 수 있습니다. 누가복음 5장 12절에는 "온 몸에 나병이 들린 사람(a man full of leprosy)"이 치유를 받기 위해 그리스도께 왔다고 기록되어 있지만, 마태복음은 같은 사건을 묘사할 때 단순히 "문둥병자(leper)"가 왔다고만 말합니다(마 8:2).

예수께서 한 동네에 계실 때에 온 몸에 나병 들린 사람이 있어 예수를 보고 엎드려 구하여 이르되 주여 원하시면 나를 깨끗하게 하실 수 있나이다 하니(눅 5:12)

한 나병환자가 나아와 절하며 이르되 주여 원하시면 저를 깨끗하게 하실 수 있나이다 하거늘(마 8:2)

또 다른 예입니다.

예수께서 육지에 내리시매 그 도시 사람으로서 귀신 들린 자 하나가 예수를
만나니 그 사람은 오래 옷을 입지 아니하며 집에 거하지도 아니하고
무덤 사이에 거하는 자라(눅 8:27)

또 예수께서 건너편 가다라 지방에 가시매 귀신 들린 자 둘이 무덤 사이에서 나와
예수를 만나니 그들은 몹시 사나워 아무도 그 길로 지나갈 수 없을 지경이더라
(마 8:28)

또 다른 예입니다.

이에 회당장인 야이로라 하는 사람이 와서 예수의 발 아래에 엎드려 자기 집에
오시기를 간구하니(눅 8:41)

회당장 중의 하나인 야이로라 하는 이가 와서 예수를 보고 발 아래 엎드리어
(막 5:22)

또 다른 예입니다.

길 가실 때에 어떤 사람이 여짜오되 어디로 가시든지 나는 따르리이다(눅 9:57)

한 서기관이 나아와 예수께 아뢰되 선생님이여 어디로 가시든지 저는 따르리이다
(마 8:19)

또 다른 예입니다.

예수께서 이르시되 손에 쟁기를 잡고 뒤를 돌아보는 자는 하나님의 나라에
합당하지 아니하니라 하시니라(눅 9:62)

여리고에 가까이 가셨을 때에 한 맹인이 길 가에 앉아 구걸하다가(눅 18:35)

그들이 여리고에 이르렀더니 예수께서 제자들과 허다한 무리와 함께 여리고에서 나가실 때에 디매오의 아들인 맹인 거지 바디매오가 길 가에 앉았다가(막 10:46)

비유로 그러한 것들이 여기에 소개된 놀라운 방식에 주목하십시오.

또 비유하여 이르시되 새 옷에서 한 조각을 찢어 낡은 옷에 붙이는 자가 없나니 만일 그렇게 하면 새 옷을 찢을 뿐이요 또 새 옷에서 찢은 조각이 낡은 것에 어울리지 아니하리라(눅 5:36)

예수께서 대답하여 이르시되 어떤 사람이 예루살렘에서 여리고로 내려가다가 강도를 만나매 강도들이 그 옷을 벗기고 때려 거의 죽은 것을 버리고 갔더라 (눅 10:30)

또 비유로 그들에게 말하여 이르시되 한 부자가 그 밭에 소출이 풍성하매 (눅 12:16)
이에 비유로 말씀하시되 한 사람이 포도원에 무화과나무를 심은 것이 있더니 와서 그 열매를 구하였으나 얻지 못한지라(눅 13:6)

이르시되 어떤 사람이 큰 잔치를 베풀고 많은 사람을 청하였더니(눅 14:16)

³예수께서 그들에게 이 비유로 이르시되 ⁴너희 중에 어떤 사람이 양 백 마리가 있는데 그 중의 하나를 잃으면 아흔아홉 마리를 들에 두고 그 잃은 것을 찾아내기까지 찾아다니지 아니하겠느냐(눅 15:3-4)

또 이르시되 어떤 사람에게 두 아들이 있는데(눅 15:11)

또한 제자들에게 이르시되 어떤 부자에게 청지기가 있는데 그가 주인의 소유를 낭비한다는 말이 그 주인에게 들린지라(눅 16:1)

한 부자가 있어 자색 옷과 고운 베옷을 입고 날마다 호화롭게 즐기더라(눅 16:19)

예수께서 그들에게 항상 기도하고 낙심하지 말아야 할 것을 비유로 말씀하여

(눅 18:1)

그가 또 이 비유로 백성에게 말씀하시기 시작하시니라 한 사람이 포도원을 만들어 농부들에게 세로 주고 타국에 가서 오래 있다가(눅 20:9)

9또 자기를 의롭다고 믿고 다른 사람을 멸시하는 자들에게 이 비유로 말씀하시되 10 두 사람이 기도하러 성전에 올라가니 하나는 바리새인이요 하나는 세리라 (눅 18:9-10)

이와 같이 누가복음에서는 인간적인 요소가 아주 강조되고 있습니다.

3. 그리스도를 "인자"라고 지칭합니다

누가복음에서만 예수께서 바리새인들에게 다음과 같이 말씀하시는 것을 볼 수 있습니다.

또 제자들에게 이르시되 때가 이르리니 너희가 인자의 날 하루를 보고자 하되 보지 못하리라(눅 17:22)

누가복음에서만 주님께서 다음과 같은 질문을 하십니다.

내가 너희에게 이르노니 속히 그 원한을 풀어 주시리라 그러나 인자가 올 때에 세상에서 믿음을 보겠느냐 하시니라(눅 18:8)

누가복음에서만 주님께서 자신을 따르는 자들에게 다음과 같이 말씀하십니다.

이러므로 너희는 장차 올 이 모든 일을 능히 피하고 인자 앞에 서도록 항상

기도하며 깨어 있으라 하시니라(눅 21:36)

누가복음에서만 주님께서 가룟 유다에게 다음과 같이 말씀하십니다.

예수께 입을 맞추려고 가까이 하는지라 예수께서 이르시되 유다야 네가
입맞춤으로 인자를 파느냐 하시니(눅 22:48)

누가는 주님께서 자신을 "인자"라고 칭하신 여러 사례를 기록하고 있는
데, 다른 복음서의 병행 구절에서는 이 칭호가 생략되어 있다는 점이 더욱
놀랍습니다. 예를 들면 마태복음 16장 21절입니다.

이 때로부터 예수 그리스도께서 자기가 예루살렘에 올라가 장로들과
대제사장들과 서기관들에게 많은 고난을 받고 죽임을 당하고 제삼일에
살아나야 할 것을 제자들에게 비로소 나타내시니(마 16:21)

이르시되 인자가 많은 고난을 받고 장로들과 대제사장들과 서기관들에게 버린 바
되어 죽임을 당하고 제삼일에 살아나야 하리라 하시고(눅 9:22)

또 다른 예입니다.

나로 말미암아 너희를 욕하고 박해하고 거짓으로 너희를 거슬러 모든 악한 말을
할 때에는 너희에게 복이 있나니(마 5:11)

인자로 말미암아 사람들이 너희를 미워하며 멀리하고 욕하고 너희 이름을 악하다
하여 버릴 때에는 너희에게 복이 있도다(눅 6:22)

또 다른 예입니다.

누구든지 사람 앞에서 나를 시인하면 나도 하늘에 계신 내 아버지 앞에서 그를

시인할 것이요(마 10:32)

내가 또한 너희에게 말하노니 누구든지 사람 앞에서 나를 시인하면 인자도 하나님의 사자들 앞에서 그를 시인할 것이요(눅 12:8)

또 다른 예입니다.

하나님이 그 아들을 세상에 보내신 것은 세상을 심판하려 하심이 아니요 그로 말미암아 세상이 구원을 받게 하려 하심이라(요 3:17)

인자가 온 것은 잃어버린 자를 찾아 구원하려 함이니라(눅 19:10)

이러한 예들은 성경의 언어적 완결성을 아주 잘 보여줍니다.

4. 주님은 세리와 죄인들의 친구라고 불립니다

레위가 예수를 위하여 자기 집에서 큰 잔치를 하니 세리와 다른 사람이 많이 함께 앉아 있는지라(눅 5:29)

누가복음에서만 그리스도께서 질문하는 유대인들에게 이렇게 말씀하셨다는 것을 알려줍니다.

[33]침례 요한이 와서 떡도 먹지 아니하며 포도주도 마시지 아니하매 너희 말이 귀신이 들렸다 하더니 [34]인자는 와서 먹고 마시매 너희 말이 보라 먹기를 탐하고 포도주를 즐기는 사람이요 세리와 죄인의 친구로다 하니(눅 7:33-34)

주님을 비판하는 자들이 공개적으로 원망하며 "이 사람은 죄인들을 영접하고 그들과 함께 먹는다(눅 15:2)"고 말한 것은 누가복음 뿐입니다.

누가복음에서만 삭개오가 구세주를 기쁘게 영접했기 때문에 "그들이 모두 원망하여 이르되 이 사람이 죄인인 사람에게 손님이 되러 갔다(누가 19:7)"라고 말한 것을 기록합니다. 위에서 인용한 마지막 세 구절에서 성령께서 지적하신 것에 주목하는 것은 아름답습니다. 누가복음 7장 34절에서 그리스도는 단순히 세리와 죄인의 친구로 묘사됩니다. 누가복음 15장 2절에서는 "이 사람은 죄인들을 영접하고 그들과 함께 먹는다"고 했습니다. 그러나 누가복음 19장 7절에서는 "그는 죄인인 사람에게 손님이 되러 가셨다"고 말합니다. 이처럼 하나님께서는 인간의 진노조차도 그분을 찬양하도록 만드셨습니다.

5. 주님은 기도의 사람으로 묘사됩니다.

누가복음에서 주님께서 자주 기도하시는 모습을 볼 수 있는 것은 참으로 놀라운 일입니다. 다음 구절들이 이것을 아주 잘 보여줍니다.

백성이 다 침례를 받을새 예수도 침례를 받으시고 기도하실 때에 하늘이 열리며
(눅 3:21)

예수는 물러가사 한적한 곳에서 기도하시니라(눅 5:16)

이 때에 예수께서 기도하시러 산으로 가사 밤이 새도록 하나님께 기도하시고
(눅 6:12)

28이 말씀을 하신 후 팔 일쯤 되어 예수께서 베드로와 요한과 야고보를 데리고 기도하시러 산에 올라가사 29기도하실 때에 용모가 변화되고 그 옷이 희어져 광채가 나더라(눅 9:28-29)

예수께서 한 곳에서 기도하시고 마치시매 제자 중 하나가 여짜오되 주여 요한이 자기 제자들에게 기도를 가르친 것과 같이 우리에게도 가르쳐 주옵소서(눅 11:1)

31시몬아, 시몬아, 보라 사탄이 너희를 밀 까부르듯 하려고 요구하였으나
32그러나 내가 너를 위하여 네 믿음이 떨어지지 않기를 기도하였노니
너는 돌이킨 후에 네 형제를 굳게 하라(눅 22:31-32)

41그들을 떠나 돌 던질 만큼 가서 무릎을 꿇고 기도하여 42이르시되 아버지여 만일 아버지의 뜻이거든 이 잔을 내게서 옮기시옵소서 그러나 내 원대로 마시옵고 아버지의 원대로 되기를 원하나이다 하시니 43천사가 하늘로부터 예수께 나타나 힘을 더하더라 44예수께서 힘쓰고 애써 더욱 간절히 기도하시니 땀이 땅에 떨어지는 핏방울 같이 되더라(눅 22:41-44)

이에 예수께서 이르시되 아버지 저들을 사하여 주옵소서 자기들이 하는 것을 알지 못함이니이다 하시더라 그들이 그의 옷을 나눠 제비 뽑을새(눅 23:34)

여기서만 예수께서 자신의 살인자들을 위해 이렇게 기도하는 것을 볼 수 있습니다. 이러한 예들에 더해, 누가만이 11장 5-8절에 나오는 기도에 관한 주님의 가르침에 대해서 기록하고 있습니다. 또한 누가만이 기도의 중요성의 관한 비유(누가 18:1-7)를 말해줍니다. 또한 누가만이 기도하러 성전에 올라간 두 사람에 대해 누가가 단독으로 이야기하고 있다는 사실을 더하면 누가복음에서 기도가 얼마나 중요한 위치를 차지하는지 알 수 있습니다.

6. 그리스도께서는 음식을 드시는 모습을 자주 볼 수 있습니다.

한 바리새인이 예수께 자기와 함께 잡수시기를 청하니 이에 바리새인의 집에 들어가 앉으셨을 때에(눅 7:36)

예수께서 말씀하실 때에 한 바리새인이 자기와 함께 점심 잡수시기를 청하므로
들어가 앉으셨더니(누가 11:37)

안식일에 예수께서 한 바리새인 지도자의 집에 떡 잡수시러 들어가시니
그들이 엿보고 있더라(눅 14:1)

뭇 사람이 보고 수군거려 이르되 저가 죄인의 집에 유하러 들어갔도다 하더라
(눅 19:7)

그들과 함께 음식 잡수실 때에 떡을 가지사 축사하시고 떼어 그들에게 주시니
(눅 24:30)

[42]이에 구운 생선 한 토막을 드리니 [43]받으사 그 앞에서 잡수시더라
(눅 24:42-43)

이러한 예들이 그분의 사람되심의 실체를 보여 주었다는 것은 언급할
필요가 거의 없습니다.

7. 주님의 죽음과 부활에 관련된 상황들입니다.

주님께서 겟세마네에서 보낸 끔찍한 시간은 다른 복음서에서는 찾아볼
수 없는 데 누가복음에서는 세부적으로 자세히 묘사되어 있습니다. 누가
만이 다음의 사실을 우리에게 알려줍니다.

[43]천사가 하늘로부터 예수께 나타나 힘을 더하더라 [44]예수께서 힘쓰고 애써 더욱
간절히 기도하시니 땀이 땅에 떨어지는 핏방울 같이 되더라(눅 22:43-44)

예수께서 체포되신후, 제자들이 모두 떠날 때의 일을 기록합니다.

50그 중의 한 사람이 대제사장의 종을 쳐 그 오른쪽 귀를 떨어뜨린지라 51예수께서 일러 이르시되 이것까지 참으라 하시고 그 귀를 만져 낫게 하시더라(눅 22:50-51)

다른 복음서들도 대제사장의 하인을 친 사건을 기록하지만, 누가복음만이 다른 사람들의 고통에 대한 연민으로 가득 찬 주님의 부드러움을 마지막까지 보여줍니다. 누가복음만이 다음과 같이 말합니다.

27또 백성과 및 그를 위하여 가슴을 치며 슬피 우는 여자의 큰 무리가 따라오는지라 28예수께서 돌이켜 그들을 향하여 이르시되 예루살렘의 딸들아 나를 위하여 울지 말고 너희와 너희 자녀를 위하여 울라(눅 23:27-28)

인간의 감정과 동정심을 불러일으키는 이 구절은 적절하게도 누가복음에서 자리를 잡았습니다. 누가는 구세주가 십자가에 못 박힌 장소를 이방인의 이름으로 지명한 유일한 사람입니다.

해골이라 하는 곳에 이르러 거기서 예수를 십자가에 못 박고 두 행악자도 그렇게 하니 하나는 우편에, 하나는 좌편에 있더라(눅 23:33)

또 다른 예입니다.

그의 위에 이는 유대인의 왕이라 쓴 패가 있더라(눅 23:38)

누가는 그 위에 헬라어와 라틴어와 히브리어로 이는 유대인의 왕이로다(눅 23:38)라는 글자가 쓰여 있더라고 말합니다. 이것이 누가복음의 열방을 향한 국제적 범위를 암시합니다! 마태복음과 마가복음은 그 당시의 세계 언어로 쓰여진 십자가의 명패에 대해서 아무런 힌트를 주지 않습니다. 요한복음은 그러한 힌트를 주지만, 세상과 연결하여 제시합니다. 누가는 죽어가는 강도의 회심을 묘사하고, 예수님의 완전하신 인성에 대한 그 강도의 증거를 기록한 유일한 사람입니다:

이 사람은 아무 잘못이 없도다(눅 23:41)

로마 백부장의 비슷한 증언도 누가복음만이 기록합니다.

백부장이 그 된 일을 보고 하나님께 영광을 돌려 이르되 이 사람은 정녕
의인이었도다 하고(눅 23:47)

주님께서 죽음에서 부활하신 후, 두 제자들과 함께 엠마오로 가셨던 그 긴 동행과 그들이 함께 나눈 친밀한 교제에 대해 언급하는 사람은 누가복음뿐입니다. 그리고 누가는 주님께서 무덤에서 승리하여 부활하신 후 음식을 먹는 모습을 우리에게 보여 주신 유일한 사람입니다. 이제 누가복음이 마무리되는 특징적인 방식에 대해 설명하도록 하겠습니다.

예수께서 그들을 데리고 베다니 앞까지 나가사 손을 들어
그들에게 축복하시더니(눅 24:50)

이 말씀은 얼마나 감동적입니까? 이후에 다음 말씀이 이어집니다.

축복하실 때에 그들을 떠나 하늘로 올려지시니(눅 24:51)

특히 누가는 인자가 승천하셨다고 하지 않고 "하늘로 들려 올라가셨다"고 말합니다. 그리고 나서 누가복음의 막은 사람들의 기쁨과 찬양의 강으로 끝을 맺습니다.

[52]그들이 그에게 경배하고 큰 기쁨으로 예루살렘에 돌아가 [53]늘 성전에서 하나님을 찬송하니라(눅 24:52-53)

제4장

요한복음

　네 번째 복음서인 요한복음으로 넘어가면서 우리는 다른 세 복음서에서 살펴본 것과는 완전히 다른 지점에 도달하게 됩니다. 사실, 요한복음이 다루는 기간은 다른 복음서와 같습니다. 이미 살펴본 사건들 중 일부가 요한복음에서 다시 언급됩니다. 처음 세 복음서의 이야기에서 중심적인 위치를 차지한 분이 요한이 두드러지게 표현한 분과 동일하다는 것도 사실이지만, 그 외에는 모든 것이 완전히 새롭습니다.

　요한복음은 어조가 더 고상하고, 관점이 더 고귀하며, 그 내용은 인간적인 관계보다는 영적인 관계를 우리 앞에 가져다 놓습니다. 더 높은 영광이 예수님의 비할 데 없는 인격으로 드러납니다. 처음 세 복음서에서는 그리스도를 인간적인 관계에서 바라보지만, 요한복음에서는 그렇지 않습니다. 마태는 예수님을 다윗의 자손으로, 마가는 하나님의 완전하신 종으로, 누가복음은 인자로 소개하지만 요한은 그분의 신성한 영광을 드러냅니다. 다시 말해서, 마태복음은 특별히 유대인을 위해, 마가복음은 하나님의 종들을 위해, 누가복음은 사람을 위해 쓰여졌지만 요한복음은 하나님의 가족에 관한 것입니다.

요한복음은 신약성경의 네 번째 책으로, 숫자 4는 3 더하기 1입니다(4 =3+1). 성경에서 숫자는 우연적으로 사용된 것이 아니라 신성한 구별과 의미를 가지고 사용되었습니다. 경건한 연구자는 그것들을 자신의 변덕에 따라 자유롭게 혼합할 수 없습니다. 자신의 사적인 해석에 맞추기 위해 자의적인 의미를 부여할 수 없습니다. 그 연구자가 정직하다면 그는 성경 자체에서 사용되는 방식에서 그것의 정의를 수집할 것입니다. 따라서 4가 3+1이라는 필자의 진술이 자의적인 주장인지 아닌지는 말씀의 지지 여부에 따라 결정되어야 합니다. 숫자 4는 성경에서 두 가지 의미로 사용됩니다. 첫째, 정수(whole number)로서의 의미와 둘째, 분포수(distributive number)로서의 의미입니다. 첫 번째 용도에서 숫자 4는 세상의 수입니다. 지구와 그 안에 있는 모든 것의 숫자입니다. 피조물의 수를 의미하며 따라서 보편성을 의미합니다. 그러나 두 번째 용도에서는, 분포적인 의미이며, 계열이나 시리즈와 관련이 있고 종종 3과 1로 나뉩니다. 숫자 4는 2가 강화된 경우는 거의 없습니다. 즉 2x2를 나타내는 의미가 아닙니다.

바로 앞에서 설명한 단락은 다소 학문적으로 들리지만, 그 원리를 현재 주제에 적용하면 그 의미는 더 분명해질것입니다. 사복음서는 하나의 시리즈를 이루고 있으며, 그 내용의 성격은 씨 뿌리는 자의 비유에서 네 종류의 토양이 네 부류의 말씀을 듣는 사람들을 나타내는 것처럼 분명히 세 가지와 한 가지로 나뉘며, 마찬가지로 세 가지 열매맺지 못하는 땅과 한 가지 열매 맺는 땅으로 나뉩니다.

앞에서 살펴본 것처럼 처음 세 복음서인 마태, 마가, 누가는 필연적으로 함께 묶어주는 공통점이 있는데, 바로 인간 관계 속에서 그리스도를 바라본다는 점입니다. 그러나 요한복음은 그리스도를 신적 관계로 제시함으로써 다른 복음서들과 분명히 구별되며, 따라서 다른 복음서들과 분리되어 있습니다. 이러한 결론은 복음서의 내용의 성격이 숫자의 의미와 완벽하게 일치한다는 것을 관찰 할 때 의심 할 여지없이 확립됩니다. 숫자 하나는 주로 하나님에 대해 말합니다:

> 이스라엘아 들으라 우리 하나님 여호와는 한 분이시니라(신 6:4).

> 여호와께서 온 땅의 왕이 되시리니 그 날에는 주께서 한 분이시요
> 그 이름도 하나이시리라(슥 14:9).

모든 언어에서 하나는 통합, 일치(Unity)의 상징이며 다른 모든 것을 배제합니다. 그러므로 십계명 중 첫 번째 계명은 다음과 같습니다:

> 내 앞에 다른 신들을 네게 두지 말라(출 20:3)

따라서 다른 세 복음서 다음에 요한복음에 나오는 것은 그리스도의 신격입니다.

성경의 각 책에는 그 자체로 고유한 두드러지고 지배적인 주제가 있습니다. 인체의 각 지체가 고유한 기능을 하는 것처럼, 살아 있는 신성한 진리의 몸인 성경의 모든 책에는 고유한 목적과 사명이 있습니다. 요한복음의 주제는 그리스도의 신성입니다. 여기에서는 다른 어느 곳에서도 볼 수 없었던 예수님의 신격이 우리의 시야에 제시됩니다. 요한복음에서 두드러진 것은 우리 예수님의 하나님의 아들되심입니다. 요한복음에서 우리는 베들레헴에서 태어나 30년 넘게 이 땅을 걸으시고 갈보리에서 십자가에 못 박히신 분, 그리고 43일 후에 이 땅에서 떠나신 분이 다름 아닌 하나님 아버지의 독생자이심을 알 수 있습니다. 이와 관련해 제시된 증거들

은 압도적입니다. 그러한 증거는 거의 셀 수 없을 정도로 많습니다. 이러한 것들을 묵상하면 우리의 마음은 저절로 "위대하신 하나님과 우리 주 예수 그리스도(딛 2:13)" 앞에 엎드려 질 것입니다.

요한복음에 우리가 가장 경건하고 기도하는 마음으로 주목할 만한 주제가 있습니다. 이전 장에서 살펴본 것처럼 우리 주님의 인성(humanity)의 완전성을 지키기 위해 그러한 하나님의 보살핌이 있었다면, 우리 구주의 절대적인 신성에 대한 확증에 대해서도 불확실성이 없어야 한다는 것을 성령께서도 똑같이 알고 계십니다. 구약의 선지자들이 오실 분이 사람이어야 하고 완전한 사람이 되셔야 한다는 것을 알렸던 것처럼, 메시아의 예언도 그분이 사람 그 이상이 분이신 것임을 분명하게 암시했습니다. 하나님은 이사야를 통해서 말씀해 주셨습니다.

> 이는 한 아기가 우리에게 났고 한 아들을 우리에게 주신 바 되었는데 그의 어깨에는 정사를 메었고 그의 이름은 기묘자라, 모사라, 전능하신 하나님이라, 영존하시는 아버지라, 평강의 왕이라 할 것임이라(사 9:6)

미가를 통해 다음과 같이 선언하십니다.

> 베들레헴 에브라다야 너는 유다 족속 중에 작을지라도 이스라엘을 다스릴 자가 네게서 내게로 나올 것이라 그의 근본은 상고에, 영원에 있느니라(미 5:2)

스가랴를 통해서 말씀하십니다.

> 만군의 여호와가 말하노라 칼아 깨어서 내 목자, 내 짝 된 자를 치라 목자를 치면 양이 흩어지려니와 작은 자들 위에는 내가 내 손을 드리우리라(슥 13:7)

시편 기자를 통해 선언하십니다.

여호와께서 내 주에게 말씀하시기를 내가 네 원수들로 네 발판이 되게 하기까지
너는 내 오른쪽에 앉아 있으라 하셨도다(시 110:1)

그리고 또한 주님의 재림의 때를 바라보면서 다음과 같이 말씀하십니
다.

내가 여호와의 명령을 전하노라 여호와께서 내게 이르시되 너는 내 아들이라
오늘 내가 너를 낳았도다(시 2:7)

신약 성경으로 넘어가면 그리스도의 신성에 대한 가장 명백한 증인으
로서 두 세가지 책을 말할 수 있습니다. 로마서 9장 5절에서 사도 바울은
이스라엘의 특별한 특권을 말하면서 다음과 같이 설명합니다.

조상들도 그들의 것이요 육신으로 하면 그리스도가 그들에게서 나셨으니 그는
만물 위에 계셔서 세세에 찬양을 받으실 하나님이시니라 아멘(롬 9:5)

고린도전서 15장 47절입니다.

첫 사람은 땅에서 났으니 흙에 속한 자이거니와 둘째 사람은
하늘에서 나셨느니라(고전 15:47)

골로새서 1장 16절입니다.

만물이 그에게서 창조되되 하늘과 땅에서 보이는 것들과 보이지 않는 것들과
혹은 왕권들이나 주권들이나 통치자들이나 권세들이나 만물이 다 그로 말미암고
그를 위하여 창조되었고(골 1:16)

골로새서 2장 9절입니다.

> 그 안에는 신성의 모든 충만이 육체로 거하시고(골 2:9)

히브리서 1장 1-3절입니다.

[1]옛적에 선지자들을 통하여 여러 부분과 여러 모양으로 우리 조상들에게 말씀하신 하나님이 [2]이 모든 날 마지막에는 아들을 통하여 우리에게 말씀하셨으니 이 아들을 만유의 상속자로 세우시고 또 그로 말미암아 모든 세계를 지으셨느니라 [3]이는 하나님의 영광의 광채시요 그 본체의 형상이시라 그의 능력의 말씀으로 만물을 붙드시며 죄를 정결하게 하는 일을 하시고 높은 곳에 계신 지극히 크신 이의 우편에 앉으셨느니라(히 1:1-3)

요한계시록 19장 16절입니다.

> 그 옷과 그 다리에 이름을 쓴 것이 있으니 만왕의 왕이요 만주의
> 주라 하였더라(계 19:16)

그리스도의 절대적인 신성에 대해 이보다 더 강조되고, 긍정적이고, 분명한 증거는 찾아볼 수 없습니다 진리에서 떠나는 일이 만연한 이 시대에 주 예수 그리스도는 다름 아닌 성삼위일체의 두 번째 위격이라는 사실을 너무도 강력하게 또는 아무리 자주 강조해도 지나치지 않습니다. 성도들이 알고 있는 이러한 신앙의 핵심 조항에 대한 공격은 악의적이지만 의심스럽습니다. 빛의 천사로 위장한 사탄은 이제 의의 사역자로 가장한 자신의 사역자들을 보내고 있습니다. 성경의 언어적 영감에 대한 믿음을 큰 소리로 나팔을 불고 심지어 그리스도의 대속적 희생을 믿는다고 공언하는 사람들이 그럼에도 불구하고 그들이 섬긴다고 주장하는 주님의 절대적인 신성을 부인하고 있습니다. 그들은 그분의 본질적인 신성을 부인하고 그

분의 영원성을 부인하며 그분을 단순한 피조물 수준으로 낮추고 있습니다. 이런 부류의 사람들에 대해 성령님은 다음과 같이 말씀하셨습니다.

> 그런 사람들은 거짓 사도요 속이는 일꾼이니 자기를 그리스도의 사도로
> 가장하는 자들이니라(고후 11:13)

요한복음의 특별한 주제에 따라, 여기에서 그리스도의 신성한 영광이 가장 온전히 드러납니다. 여기서 우리는 시간이 시작되기 전, 피조물이 형성되기 전에 하나님과 함께 거하시는 예수님을 볼 수 있습니다(요 1:1,2). 요한복음에서 그분은 '아버지의 독생자'라고 불립니다(요 1:14). 침례 요한이 "이 분은 하나님의 아들이시다"(요 1:34)라고 기록한 곳도 바로 요한복음입니다. 다음의 말씀을 만나는 곳도 요한복음입니다.

> 예수께서 이 첫 표적을 갈릴리 가나에서 행하여 그의 영광을 나타내시매
> 제자들이 그를 믿으니라(요 2:11)

요한복음에서 예수께서 "이 성전을 헐라 내가 사흘 동안에 일으키리라"(요 2:19)고 말씀하셨다는 것을 알 수 있습니다. 여기서 우리는 하나님께서 그분의 아들을 세상에 보내신 것은 정죄하기 위함이 아니라 구원하기 위함이라는 것을 알 수 있습니다(요 3:17). 요한복음에서 그리스도께서 다음과 같이 선언하셨습니다.

> 21아버지께서 죽은 자들을 일으켜 살리심 같이 아들도 자기가 원하는 자들을 살리느니라 22아버지께서 아무도 심판하지 아니하시고 심판을 다 아들에게 맡기셨으니 23이는 모든 사람으로 아버지를 공경하는 것 같이 아들을 공경하게 하려 하심이라 아들을 공경하지 아니하는 자는 그를 보내신 아버지도 공경하지 아니하느니라(요 5:21-23)

여기서 우리는 "하나님의 떡은 하늘에서 내려와 세상에 생명을 주는 이시니"(요 6:35)라고 확언하시는 주님을 발견합니다. 여기서 "아브라함도 있기 전에 내가 있다"(요한 8:58)고 말씀하시는 주님을 볼 수 있습니다. 요한복음에서 주님은 "나와 아버지는 하나이다"(요 10:30)라고 선언하십니다. 여기서 주님은 "나를 본 자는 아버지를 본 것이니라"(요 14:9)라고 말씀하십니다. 요한복음에서 주님은 "너희가 내 이름으로 무엇을 구하면, 내가 행하리니 이는 아버지로 하여금 아들을 통해 영광을 받으시게 하려 함이라(요 14:13)"고 약속하십니다. 요한복음에서 주님은 다음과 같이 기도하십니다.

> 아버지여 창세 전에 내가 아버지와 함께 가졌던 영화로써 지금도 아버지와
> 함께 나를 영화롭게 하옵소서(요 17:5)

요한복음을 자세히 다루고 그리스도의 인격과 사역을 묘사한 몇 가지 두드러진 대목을 살펴보기 전에, 요한복음의 시대적 범위와 의미에 대해 몇 가지 언급하고자 합니다. 요한복음은 다른 복음서들과는 상당히 다르다는 것을 단번에 알 수 있습니다. 다른 복음서에서 그리스도는 인간적인 관계에서 지상의 백성과 연결된 것으로 보이지만, 요한복음에서는 신적인 관계에서 하늘의 백성과 연결된 것으로 간주됩니다. 요한복음에서는 한 몸의 신비가 여기서 펼쳐지는 것이 아니라, 오히려 하나님의 가족이 보입니다. 또한 천국의 부름이 완전히 드러나지 않은 것도 사실이지만, 요한복음 14장 2-3절에 나오는 주님의 말씀처럼 그것에 대한 명백한 암시가 있는 것도 사실입니다.

2내 아버지 집에 거할 곳이 많도다 그렇지 않으면 너희에게 일렀으리라 내가 너희를 위하여 거처를 예비하러 가노니 3가서 너희를 위하여 거처를 예비하면 내가 다시 와서 너희를 내게로 영접하여 나 있는 곳에 너희도 있게 하리라(요 14:2-3)

처음 세 복음서에서 그리스도는 유대인들과 연결되어 메시아 왕국을 선포하는 것으로 보이지만, 그러한 선포는 유대 민족이 그분을 거부한 것이 분명해지자마자 중단되었습니다. 그러나 여기 요한복음에서는 첫 장에서 "그분은 자기 백성에게로 오셨으나 그 백성들이 영접하지 아니하였다"라고 말하면서 예수님에 대한 거절을 처음부터 선포하고 있습니다. 그러므로 그리스도를 이스라엘과 연관 지어 제시하는 대신 영적인 연합로 신자들과 관련이있는 것으로 보는 요한복음은 성전이 파괴되고 유대인들이 전 세계로 흩어진, AD 70 년 이후에야 기록되었다는 사실에 주목하는 것이 가장 중요합니다!

처음 세 복음서에서 발견되는 많은 경륜적, 세대적 한계는 요한복음에는 적합하지 않습니다. 왜냐하면 그분은 하나님의 아들로서 믿는 신자들만이 그 분을 알 수 있기 때문입니다. 요한복음에서 유대인은 우선 순위가 없습니다. 유대인들은 그리스도가 순전히 육신에 불과하다고 주장하는 반면, 신자들은 영적 연합으로 하나님의 아들과 연관이 되어 있습니다.

다윗의 아들과 인자라는 칭호는 그리스도와 이 땅을 연결하지만, "하나님의 아들"은 하늘에 계신 아버지와 그리스도를 연결하므로 요한복음에서 지상 왕국은 거의 전적으로 무시됩니다. 이러한 사실과 조화를 이루면서 요한복음에서만 그리스도께서 "내게는 이 양떼 즉 유대인이 아니라 다른 양떼가 있다"라고 말씀하십니다.

또 이 우리에 들지 아니한 다른 양들이 내게 있어 내가 인도하여야 할 터이니 그들도 내 음성을 듣고 한 무리가 되어 한 목자에게 있으리라(요 10:16)

하나님의 아들의 죽음에 담긴 더 넓은 범위의 하나님의 목적에 대해 요한복음에서만 설명해 주고 있습니다.

51이 말은 스스로 함이 아니요 그 해의 대제사장이므로 예수께서 그 민족을 위하시고 52또 그 민족만 위할 뿐 아니라 흩어진 하나님의 자녀를 모아 하나가 되게 하기 위하여 죽으실 것을 미리 말함이러라(요 11:51-52)

성령과 신자들의 관계가 완전히 드러난 곳은 바로 여기 요한복음에서입니다. 그리고 요한복음에만 주님의 대제사장적 기도가 기록되어 있는데, 이는 주님께서 지금도 하늘에서 중보하고 계심을 보여주는 예시입니다. 그러므로 이러한 점들을 고려하면 요한복음의 시대적 배경이 다른 세 복음서와 완전히 다르다는 점을 분명히 알 수 있습니다. 이제 요한복음을 자세히 살펴보면 그 첫 구절이 얼마나 인상적인지 알 수 있습니다:

1태초에 말씀이 계시니라 이 말씀이 하나님과 함께 계셨으니 이 말씀은 곧 하나님이시니라 2그가 태초에 하나님과 함께 계셨고 3만물이 그로 말미암아 지은 바 되었으니 지은 것이 하나도 그가 없이는 된 것이 없느니라(요 1:1-3)

이는 다른 복음서의 서두에서 볼 수 있는 것과는 완전히 다른 내용입니다. 요한은 그리스도를 다윗의 아들 또는 사람의 아들이 아니라 하나님의 아들로 소개하는 것으로 바로 시작합니다. 요한은 태초로 거슬러 올라가서 주님은 태초부터 계셨기 때문에 그에게는 시작이 없음을 보여줍니다. 요한은 창조 바로 뒤로 가서 그리스도 그 분이 창조주이심을 보여줍니다.

요한복음 1장 1절의 모든 구절은 우리가 가장 주의 깊게 살펴볼 만한 가치가 있습니다. 첫째, 예수님은 여기서 "말씀"이라고 불리십니다. 이러한 호칭의 의미는 아마도 요한복음 1장 18절에 나오는 내용과 비교하면 가장 쉽게 이해할 수 있을 것입니다.

본래 하나님을 본 사람이 없으되 아버지 품 속에 있는 독생하신 하나님이

나타내셨느니라(요 1:18)

그리스도는 하나님을 알리기 위해 이 땅에 오신 분입니다. 그분은 사람들이 하나님을 알 수 있게 하기 위해 이 땅에 오셨습니다.

[1]옛적에 선지자들을 통하여 여러 부분과 여러 모양으로 우리 조상들에게 말씀하신 하나님이 [2]이 모든 날 마지막에는 아들을 통하여 우리에게 말씀하셨으니(히 1:1-2)

그리스도는 하나님의 최종 대변인입니다. 다시 말해서, 말씀이라는 그리스도의 이 칭호의 의미는 성경에 주어진 이름, 즉 하나님의 말씀과 비교함으로써 알 수 있습니다. 성경은 무엇입니까? 성경은 하나님의 말씀입니다. 이것이 무엇을 의미할까요? 성경은 하나님의 마음을 계시하고, 그분의 뜻을 표현하며, 그분의 완전하심을 알려주고, 그분의 마음을 드러낸다는 것입니다. 이것이 바로 주 예수 그리스도께서 아버지를 위해 행하신 일입니다. 하지만 좀 더 자세히 살펴봅시다.

(a) "말"은 표현의 매개체입니다. 내 마음속에는 어떤 생각이 있지만 다른 사람들은 그 생각의 본질을 알지 못합니다. 그러나 내가 그 생각에 말을 입히는 순간, 그 생각은 인식할 수 있게 됩니다. 그러므로 말씀은 객관적이고 보이지 않는 생각을 만듭니다. 이것이 바로 주 예수께서 하신 일이며, 그리스도께서 보이지 않는 하나님을 말씀으로 나타내신 것입니다. 그리스도는 완전한 인성을 입으신 하나님이십니다.

(b) 말씀은 의사 소통의 수단입니다. 우리는 말을 통해 다른 사람에게 정보를 전달합니다. 우리는 말로 우리를 표현하고, 우리의 뜻을 알리고, 지식을 전달합니다. 따라서 말씀이신 그리스도는 하나님의 생명과 사랑

을 우리에게 전달하는 신성한 전달자입니다.

(c) 말씀은 계시의 한 방법입니다. 말하는 사람은 자신의 말로 자신의
지적 능력과 도덕적 성품을 모두 드러냅니다. 우리는 우리의 말로 의롭다
함을 받고 우리의 말로 정죄를 받게 될 것입니다. 그리고 그리스도께서는
말씀으로서 하나님의 속성과 성품을 온전히 드러내십니다. 예수님은 하
나님을 정말로 온전히 계시하셨습니다. 예수님은 하나님의 능력을 나타
내셨고 하나님의 지혜를 나타내셨습니다. 예수님은 하나님의 거룩함을
나타내셨습니다. 예수님은 하나님의 은혜를 알려 주셨습니다. 예수님은
하나님의 마음을 드러내셨습니다. 다른 어느 곳에서도 아니고, 그리스도
안에서 하나님은 완전하고 최종적으로 계시되었습니다.

그런데 하나님은 자연속에 완전히 계시되지 않았습니까? 하나님의 속
성이 자연속에 "계시되었다"는 말은 맞지만 "완전히 계시되었다"는 말은
아닙니다. 자연은 드러낼 뿐만 아니라 숨기기도 합니다. 자연은 저주 아래
있으며, 창조주께서 처음에 만드셨을 때와 지금은 많이 달라졌습니다. 자
연은 오늘날까지 불완전하며, 불완전한 것이 어떻게 하나님의 무한한 완
전성을 나타내는 완벽한 매개체가 될 수 있습니까? 옛날 사람들은 그들
앞에 자연이 있었는데, 그들은 하나님에 대해 무엇을 배웠습니까? 사도
바울이 고대 문화와 학문의 위대한 중심지 중 한 곳에서 보았던 그 제단
에서 "미지의 신에게"라는 글귀가 새겨져 있는 것을 발견한 것이 그 대답
이 될 것입니다. 그리스도 안에서, 오직 그분 안에서 그리고 오직 그분을
통해서, 하나님은 완전하고 최종적으로 계시되십니다.

그러나 이 비유적 표현인 "말씀"이 주 예수님의 신성한 인격에 대한 부
적절한 개념을 우리에게 전달하지 않도록 성령께서는 요한복음의 첫 구

절에서 "말씀이 하나님과 함께 계셨으니"라고 계속 말씀하십니다. 이것은 그분의 분리된 인격을 나타내며, 또한 그분의 신격과의 본질적인 관계를 나타냅니다. 그분은 "하나님 안에" 계시지 않았습니다. 그리고 이것이 충분히 강조되지 않았기에, 성령님은 "말씀이 하나님이었다"라고 명시적으로 덧붙입니다. 말씀은 하나님으로부터 발산된 것이 아니라 다른 것이 아니라 하나님이셨습니다. 단순히 하나님의 현현이 아니라 하나님 자신이 현현하셨습니다. 하나님의 계시자일뿐만 아니라 하나님 자신이 계시되셨습니다. 주 예수 그리스도의 본질적인 신성에 대한 이보다 더 분명한 확언은 상상할 수 없습니다. 물론 우리가 신비의 영역에 있다는 것은 인정하지만, 여기서 그리스도의 절대적인 신격에 대해 확언된 의미들은 회피될 수 없습니다. 그리스도께서 어떻게 하나님의 계시자이시면서도 하나님 자신이 계시하실 수 있는지, 어떻게 그분이 "하나님과 함께" 계실 수 있으면서도 하나님이실 수 있는지에 관해서는, 우리의 유한한 마음으로는 어떻게 그분이 시작 없이 계실 수 있는지를 이해할 수 없을 만큼 높은 신비가 있습니다. 요한복음 1장 1절에 기록된 말씀은 단순히 의심없는 믿음으로 받아들여야 한다는 것입니다.

> 만물이 그로 말미암아 지은 바 되었으니 지은 것이 하나도 그가 없이는
> 된 것이 없느니라(요 1:3)

여기서 다시 한 번, 그리스도의 절대적인 신성이 단호하게 확인됩니다. 왜냐하면 창조는 그에게 귀속되어 있고 하나님 외에는 누구도 창조할 수 없기 때문입니다. 인간은 모든 자랑스러운 자랑과 거만한 가식에도 불구하고 풀 한 그루조차 만들 수 없습니다. 그리스도가 창조주라면 그는 하나님이셔야 합니다. 모든 것은 예수로 말미암아 창조되었습니다. 여기에서 모든 창조물이 하나님의 아들에게 귀속되었음을 주목하십시오. 그리스도

자신이 피조물이시라면 비록 그가 처음이자 가장 높으신 분이시라도, 이것은 사실이 아닐 것입니다. 그러나 아무것도 예외가 없습니다. 모든 것이 그로 말미암아 만들어졌습니다. 그분이 만물보다 먼저 영원하신 것처럼 그분은 만물의 창시자이셨습니다.

> 그 안에 생명이 있었으니 이 생명은 사람들의 빛이라(요 1:4)

이것은 앞 구절에서 말한 내용에서 필연적으로 이어집니다. 그리스도께서 만물을 창조하셨다면 그분은 생명의 원천이 되셔야 합니다. 그분은 생명을 주시는 분이십니다. 그러나 더 있습니다: "그 생명은 사람들의 빛이었습니다." 이것이 의미하는 바는 다음 구절에서 분명하게 드러납니다.

> 6하나님께로부터 보내심을 받은 사람이 있으니 그의 이름은 요한이라 7그가 증언하러 왔으니 곧 빛에 대하여 증언하고 모든 사람이 자기로 말미암아 믿게 하려 함이라(요 1:6-7)

위의 말씀을 요한일서 1장 5절의 말씀과 비교해 보십시오.

> 우리가 그에게서 듣고 너희에게 전하는 소식은 이것이니 곧 하나님은 빛이시라 그에게는 어둠이 조금도 없으시다는 것이니라(요일 1:5)

그러므로 예수님은 다름 아닌 삼위일체의 두 번째 위격이신 하나님이라는 결론은 거부할 수 없는 사실입니다.

이제 요한복음 1장의 14절을 살펴보겠습니다.

> 말씀이 육신이 되어 우리 가운데 거하시매 우리가 그의 영광을 보니 아버지의

독생자의 영광이요 은혜와 진리가 충만하더라(요 1:14)

주님이 시간과 가지시는 관계를 보여주었습니다. 주님은 시작도 없으십니다. 주님이 가지시는 신격과의 관계를 보여주었습니다. 주님은 삼위일체의 분리된 위격이십니다. 그분 자신도 하나님이십니다. 예수께서 우주와 가지시는 관계를 정의해 줍니다. 우주의 창조자이시며, 즉 우주를 창조하시고 위대한 생명을 주시는 분이십니다. 또한 인간과의 관계를 말해 줍니다. 그리스도는 그들의 하나님이시며 그들의 빛이신 분을 선포하셨고, 침례 요한이 역시 그 분을 빛으로 증거했습니다. 그리스도가 이 땅에서 어떠한 영접을 받는 지 설명해 줍니다. 세상은 그를 몰랐고, 이스라엘은 그를 거부했습니다. 하나님이 하나님에 의해 태어난 사람들에 의해서 그분은 영접되었습니다. 성령께서 계속 설명하십니다.

말씀이 육신이 되어 우리 가운데 거하시매 우리가 그의 영광을 보니 아버지의 독생자의 영광이요 은혜와 진리가 충만하더라(요 1:14)

이 구절은 하나님의 성육신을 선포하고 마리아에게서 태어난 분의 신성한 영광을 다시 한 번 드러냅니다.

말씀이 육신이 되셨다

그는 이전에 그가 아닌 다른 것이 되셨습니다. 그는 하나님이시라는 존재를 멈추지 않고, 사람이 되셨습니다. 사람이 되심으로써 그분은 사람들 사이에서 거하셨습니다. 하나님이 33년 동안 이 세상에 장막을 쳤습니다. 하나님의 능력으로 눈을 뜬 사람들은 "우리가 그의 영광을 보았노라"고 증언합니다. 요한복음의 여기 문장의 글들은 우리를 구약시대에 광야에 세워진 성막을 생각하게 합니다. 성막은 이스라엘 가운데 여호와가 거하시는 곳이었습니다. 이곳에 그분의 거처를 만드셨습니다. 성막은 하나님께서 당신의 백성과 만나는 곳이었기 때문에 "만남의 장막(회막)"이라고도 불렸습니다. 성막 안의 지성소에 쉐키나 영광이 나타났습니다. 예수님은 성막의 원형이십니다. 예수님은 자신의 인격 안에서 하나님과 사람 사이의 만남의 장소였습니다. 그리고 여호와의 가시적이고 영광스러운 현시인 쉐키나를 지성소에서 볼 수 있었던 것처럼 믿음으로 그리스도께 가까이 나아간 사람들은 그의 영광을 보았습니다. 주 예수는 육체로 나타나신 하나님이시며 아버지의 독생자의 영광을 나타내셨습니다. 요한복음 1장 18절입니다.

> 본래 하나님을 본 사람이 없으되 아버지 품 속에 있는 독생하신 하나님이
> 나타내셨느니라(요 1:18)

이와 같이, 베들레헴에서 태어나신 이의 본질적인 신성은 다시 한번 명백히 확증됩니다. 다음으로 침례 요한의 증언이 있습니다. 이것은 다른 복음서에서 볼 수 있는 것과는 상당히 다릅니다. 요한복음에는 회개하라는 부름이 없고, 천국이 가까웠다는 선언이 없으며 그리스도께서 친히 그의 선구자인 요한에게 침례를 받으셨다는 언급도 없습니다. 이러한 것들 대신에, 요한복음에서는 침례 요한이 "보라 세상 죄를 지고 가는 하나님의 어린 양이로다"(1:29)라고 말하는 것을 볼 수 있습니다.

> 내가 보고 그가 하나님의 아들이심을 증언하였노라 하니라(요 1:34)

또한 그리스도께서 성령으로 기름 부으심을 받는 것을 언급할 때, 다른 복음서에서는 볼 수 없는 단어가 사용되었습니다.

요한이 또 증언하여 이르되 내가 보매 성령이 비둘기 같이 하늘로부터 내려와서
그의 위에 머물렀더라(요 1:32)

그 영은 구약의 선지자들처럼 그에게 임했다가 다시 떠나지 않았습니다. 그 영은 그 위에 머물렀습니다. 요한복음의 특징정인고 두드러진 단어입니다. 특별히 요한복음 15장을 참조하십시오. 그것은 사물의 신성한 측면과 관련이 있습니다. 교제를 말합니다. 같은 단어가 요한복음 14장 10절에 등장합니다.

내가 아버지 안에 거하고 아버지는 내 안에 계신 것을 네가 믿지 아니하느냐 내가
너희에게 이르는 말은 스스로 하는 것이 아니라 아버지께서 내 안에 계셔서 그의
일을 하시는 것이라(요 14:10)

요한복음 1장은 주님의 첫 번째 제자들의 개인적인 부르심을 묘사하는 것으로 마무리됩니다. 여기서 그리스도는 나다나엘에게 다음과 같이 말씀하십니다.

나다나엘이 이르되 어떻게 나를 아시나이까 예수께서 대답하여 이르시되 빌립이
너를 부르기 전에 네가 무화과나무 아래에 있을 때에 보았노라(요 1:48)

위와 같이 말씀하시며 그분의 전지전능하심을 드러내신 것을 읽을 수 있을 뿐입니다. 요한복음에서만 나다나엘이 그리스도에 대하여 증언하는 것을 발견할 수 있습니다.

나다나엘이 대답하되 랍비여 당신은 하나님의 아들이시요 당신은 이스라엘의
임금이로소이다(요 1:49)

그리고 요한복음에서만 제자들에게 주님이 오실 날에 그들이 볼 것을 아래와 같이 말씀해 주십니다.

또 이르시되 진실로 진실로 너희에게 이르노니 하늘이 열리고 하나님의 사자들이 인자 위에 오르락 내리락 하는 것을 보리라 하시니라(요 1:51)

요한복음 2장으로 넘어가면 예수님께서 행하신 첫 번째 기적, 즉 물이 포도주로 변하는 기적이 묘사되어 있습니다. 오직 하나님만이 인간의 마음을 그 신성한 기쁨으로 채울 수 있기 때문에 요한만이 이것을 기록했는데, 여기서 포도주는 그 기쁨의 상징이었습니다. 이 기적에서 우리는 말씀이 역사하는 것을 볼 수 있습니다. 그분 자신은 아무것도 하지 않으셨습니다. 그분은 단순히 종들에게 무엇을 해야할지 말씀하셨고 그분의 말씀에 따라 기적이 행해졌습니다. 이 기적과 관련된 특별한 점은 11절에 기록되어 있습니다.

예수께서 이 첫 표적을 갈릴리 가나에서 행하여 그의 영광을 나타내시매 제자들이 그를 믿으니라(요 2:11)

2장의 나머지 부분에서 우리는 성전을 정결케 하시는 그리스도를 보게 됩니다. 여기서도 요한은 자신만의 독특한 설명을 등장시킵니다. 여기서만 주님께서 성전을 "내 아버지의 집"(16절)이라고 부르시는 것을 발견할 수 있습니다. 여기서만 주님은 표적을 요구하는 비판자들의 도전에 대한 대답으로 "이 성전(주님의 몸을 의미)을 헐라 내가 사흘 안에 일으키리라"(19절)고 말씀하십니다. 요한복음에서만 아래의 말씀을 볼 수 있습니다.

23유월절에 예수께서 예루살렘에 계시니 많은 사람이 그의 행하시는 표적을 보고 그의 이름을 믿었으나 ²⁴예수는 그의 몸을 그들에게 의탁하지 아니하셨으니 이는 친히 모든 사람을 아심이요 ²⁵또 사람에 대하여 누구의 증언도 받으실 필요가 없었으니 이는 그가 친히 사람의 속에 있는 것을 아셨음이니라(요 2:23-25)

이것은 예수님의 신성에 대한 얼마나 큰 증거입니까? 오직 그분만이 사람 안에 있는 것을 아셨습니다. 열왕기상 8장 39절의 말씀과 비교해 보십시오.

주는 계신 곳 하늘에서 들으시고 사하시며 각 사람의 마음을 아시오니 그들의 모든 행위대로 행하사 갚으시옵소서 주만 홀로 사람의 마음을 다 아심이니이다(왕상 8:39)

이와 같이, 사람들의 마음을 읽으심으로써 예수께서는 육신을 입고 현현하신 하나님이심을 아주 잘 보여주었습니다.

요한복음 3장에는 다른 세 복음서에서는 찾아볼 수 없는 니고데모와 그리스도의 대화가 기록되어 있습니다. 요한복음의 범위에 따라, 여기서 예수님은 니고데모에게 믿음이나 회개가 아니라 구원의 신성한 측면인 거듭남에 대해 말씀하시며 "사람이 거듭나지 아니하면 하나님 나라를 볼 수 없다"고 선언하시는 것을 볼 수 있습니다. 그리고 요한복음에만 아래의 말씀이 기록되어 있습니다.

하나님이 세상을 이처럼 사랑하사 독생자를 주셨으니 이는 그를 믿는 자마다 멸망하지 않고 영생을 얻게 하려 하심이라(요 3:16)

요한복음 4장에서 우리는 다른 곳에서는 묘사되지 않은 또 다른 사건, 즉 불쌍한 사마리아의 간음한 여인을 대하신 주님의 모습을 발견합니다. 그리고 여기서 우리는 다시 한 번 그리스도의 신성한 영광이 비추는 광경

을 보게 됩니다. 주님은 그녀에게 다음과 같이 말씀하십니다:

> 내가 주는 물을 마시는 자는 영원히 목마르지 아니하리니 내가 주는 물은
> 그 속에서 영생하도록 솟아나는 샘물이 되리라(요 1:14)

주님은 다음과 같이 말씀하심으로 자신의 전지전능하심을 드러내십니다.

> 너에게 남편 다섯이 있었고 지금 있는 자도 네 남편이 아니니
> 네 말이 참되도다(요 1:18)

예수님은 그녀에게 "영과 진리로" 아버지를 경배하는 것에 대해서 말씀하십니다. 그분은 그녀에게 자신을 위대한 "나"로 계시하십니다(26절). 그분은 그녀를 죽음에서 생명으로, 어둠에서 그분의 놀라운 빛으로 인도하십니다. 마지막으로, 주님은 "나의 양식은 나를 보내신 이의 뜻을 행하며 그분의 일을 완성하는 것"(요4:34)이라고 확언하시며 아버지와의 하나됨을 증명하셨습니다.

요한복음 5장은 38년 동안 중풍병에 걸려 무력한 사람을 치유하시는 기록으로 시작됩니다. 다른 복음서에는 이 기적에 대한 언급이 없습니다. 이 기적은 말씀이 다시 역사하고 있음을 증명합니다. 예수님은 그 불쌍한 병자에게 아무것도 하지 않으셨고, 심지어 안수조차 하지 않으셨습니다. 그저 "일어나 네 침상을 들고 걸어가라"는 권위 있고 치유하시는 말씀을 하셨고, 즉시 그 사람이 온전하게 되어 침상을 들고 걸어가게 되었습니다 (9절). 이 기적은 안식일에 행해졌고, 주님의 대적들은 이것을 비판의 기회로 삼았습니다. 그 뿐만이 아닙니다.

그러므로 안식일에 이러한 일을 행하신다 하여 유대인들이
예수를 박해하게 된지라(요 5:16)

다른 복음서에서도 그리스도께서 안식일을 지키는 유대인의 전통을 어겼기 때문에 정죄를 받았다는 내용을 보게 됩니다. 그러나 다른 복음서에서는 요한복음에 기록된 것과는 매우 다른 주님의 대답을 볼 수 있습니다. 앞의 복음서에서 그분은 안식일에 자비의 일을 행할 권리가 있다고 주장하셨습니다. 다른 세 복음서에서 예수님은 안식일에 성전 직무를 수행하는 제사장들을 가지고 자신의 주장을 호소하셨습니다. 그러나 요한복음에서 예수님은 더 높은 지위를 차지하십니다.

예수께서 그들에게 이르시되 내 아버지께서 이제까지 일하시니
나도 일한다 하시매(요 5:17)

이 말씀의 의미는 오해할 수 없습니다. 그리스도께서는 자신을 비판하는 자들에게 아버지께서 어떻게 안식일에 일하셨는 지 상기시켜 주셨습니다. 우주에 대한 통치와 관련하여 일하시고, 자연의 질서를 유지하고, 비를 보내주셨습니다. 그리고 그분은 아버지와 하나이셨기 때문에 아버지께서 하시는 것이 옳은 일이 그분에게도 똑같이 옳다고 주장하셨습니다. 주님이 하신 대답의 의미는 다음 구절에서 분명해집니다.

유대인들이 이로 말미암아 더욱 예수를 죽이고자 하니 이는 안식일을 범할 뿐만
아니라 하나님을 자기의 친 아버지라 하여 자기를 하나님과 동등으로
삼으심이러라(요 5:18)

요한복음 5장의 나머지 구절에서 우리는 그리스도께서 아버지와의 절대적인 동등성을 계속해서 확증하셨다는 것을 알 수 있습니다.

요한복음 6장은 다른 복음서 저자들도 이야기한 오천 명을 먹이는 기적을 묘사하는 것으로 시작됩니다. 그러나 요한복음에는 다른 복음서에서 기록하지 않은 긴 담론이 있습니다. 여기서 주님은 자신을 세상에 생명을 주기 위해 하늘에서 내려온 "하나님의 떡"으로 소개하십니다. 예수님은 여기서 그분만이 인간의 궁핍한 영혼을 만족시킬 수 있다고 선언하십니다:

예수께서 이르시되 나는 생명의 떡이니 내게 오는 자는 결코 주리지
아니할 터이요 나를 믿는 자는 영원히 목마르지 아니하리라(요 6:35)

우리는 지금 이 놀라운 요한복음 6장의 세부 사항을 살펴볼 수 없지만, 여기에서 다루는 것이 신성한 측면이라는 것은 연구자들에게 분명합니다. 예를 들어 주님은 여기서 다음과 같이 말씀하십니다.

나를 보내신 아버지께서 이끌지 아니하시면 아무도 내게 올 수 없으니 오는
그를 내가 마지막 날에 다시 살리리라(요 6:44)

또한 아래의 말씀도 있습니다.

그러나 너희 중에 믿지 아니하는 자들이 있느니라 하시니 이는 예수께서 믿지
아니하는 자들이 누구며 자기를 팔 자가 누구인지 처음부터 아심이러라(요 6:64)

그리고 여기서 많은 제자들이 돌아가서 다시는 주님과 함께 걷지 아니합니다. 이에 예수님은 열두 제자에게 "너희도 가겠느냐?"라고 말씀하셨고 베드로가 "주여 우리가 누구에게로 가겠나이까?"라고 대답했습니다.

시몬 베드로가 대답하되 주여 영생의 말씀이 주께 있사오니 우리가

누구에게로 가오리이까(요 6:68)

요한복음 7장은 초막절 기간에 예루살렘에 계신 그리스도에 대하여 말씀해 줍니다. 여기에는 깊은 관심을 끄는 내용이 많이 있지만, 완전한 주석을 하는 것은 필자의 현재 목적에서 벗어납니다. 필자는 이 책에서 요한복음에 대한 간략한 주석을 쓰는 것이 아니라 요한복음의 독특하고 특징적인 것을 강조하고자 하는 것입니다. 이에 이 장면에서 그리스도의 신성한 영광을 강조하는 구절에 주목하십시오. 잔치 중간 즈음에 예수께서는 성전에 올라가서 가르치셨습니다. 예수님의 가르침은 매우 인상적이었습니다.

유대인들이 놀랍게 여겨 이르되 이 사람은 배우지 아니하였거늘 어떻게 글을 아느냐 하니(요 7:15)

그러나 예수께서 말씀하시는 방식과 마찬가지로, 그분의 말씀은 듣는 사람들의 적대감을 불러일으키는 데만 도움이 되었습니다:

그들이 예수를 잡고자 하나 손을 대는 자가 없으니 이는 그의 때가 아직 이르지 아니하였음이러라(요 7:30)

이것은 아주 놀랍도록 요한복음의 중심 주제와 완전히 일치합니다. 하나님의 아들의 적들에 대한 하나님의 완전한 통제를 보여줌으로써 신성한 측면을 보여줍니다. 다음 구절입니다.

37명절 끝날 곧 큰 날에 예수께서 서서 외쳐 이르시되 누구든지 목마르거든 내게로 와서 마시라 38나를 믿는 자는 성경에 이름과 같이 그 배에서 생수의 강이 흘러나오리라 하시니(요 7:37-38)

이것이 그리스도의 신성을 아주 충분히 드러냅니다. 하나님 외에는 누구도 그런 주장을 할 수 없습니다. 마지막으로, 바리새인들이 많은 사람들이 그분을 믿는다는 소식을 듣고 관리들을 보내어 그분을 잡으러 갔다는 것을 여기서 볼 수 있습니다(요 7:31-32). 그 이후는 더 놀랍습니다.

45아랫사람들이 대제사장들과 바리새인들에게로 오니 그들이 묻되 어찌하여 잡아오지 아니하였느냐 46아랫사람들이 대답하되 그 사람이 말하는 것처럼 말한 사람은 이 때까지 없었나이다 하니(요 7:45-46)

요한복음 8장은 간음하다 잡힌 여인을 서기관과 바리새인들이 그리스도께로 데리고 온 사건으로 시작됩니다. 그들이 그렇게 한 동기는 악한 것이었습니다. 그들은 하나님의 율법의 주장을 지키기 위해 열심을 낸 것이 아니라 하나님의 아들을 올무에 걸려고 했습니다. 그들은 그분을 위해 함정을 파 놓았습니다. 그들은 모세가 이와 같은 여인은 돌로 치라고 계명을 내렸다는 사실을 상기시키며 당신은 이에 대해 어떻게 말할 것이냐고 질문했습니다. 예수님은 앞 장에서 다음과 같이 말씀하셨습니다.

하나님이 그 아들을 세상에 보내신 것은 세상을 심판하려 하심이 아니요 그로 말미암아 세상이 구원을 받게 하려 하심이라(요 3:17)

그렇다면 주님은 간음한 여인으로 하여금 율법의 형벌을 피하도록 하시다가 고통을 받으셨을까요? 그렇다면 주님이 하신 다른 말씀은 어떻게 되는 것입니까?

내가 율법이나 선지자를 폐하러 온 줄로 생각하지 말라 폐하러 온 것이 아니요 완전하게 하려 함이라(마 5:17)

마치 주님은 딜레마의 뿔에 걸린 것처럼 보였습니다. 만약 주님이 돌로 그 여인을 치라고 말씀하신다면, 은혜는 어디에 있습니까? 반면에, 주님이 그녀를 풀어 주셨다면 의는 어디에 있습니까? 주님의 신성한 지혜는 그 상황을 다루신 탁월한 방식으로 아주 잘 드러났습니다. 주님은 자신에게 올무를 걸려는 자들에게 다음과 같이 말씀하셨습니다.

그들이 묻기를 마지 아니하는지라 이에 일어나 이르시되 너희 중에 죄 없는 자가 먼저 돌로 치라 하시고(요 8:7)

하나님의 말씀이 다시 역사하셨습니다.

그들이 이 말씀을 듣고 양심에 가책을 느껴 어른으로 시작하여 젊은이까지 하나씩 하나씩 나가고 오직 예수와 그 가운데 섰는 여자만 남았더라(요 8:9)

이제 예수님께서 자비를 베푸실 수 있는 길이 열렸습니다. 율법에는 최소한 두 명의 증인이 필요했지만 아무도 남지 않았습니다. 그분은 여인에게 "네 고발하는 자들은 어디 있느냐 너를 정죄하는 자가 없느냐?"라고 말씀하셨습니다. 그러자 여자는 "주님, 아무도 없습니다."라고 대답했습니다. 그리고 나서 그분의 거룩함을 나타내시기 위해 "나도 너를 정죄하지 아니하노니 가서 다시는 죄를 범하지 말라"(11절)고 말씀하셨습니다. 그러므로 우리는 여기서 그분의 영광, 즉 은혜와 진리가 충만한 아버지의 독생자의 영광을 볼 수 있습니다. 이어서 그리스도께서 자신을 세상의 빛으로 선포하시며 나를 따르는 자는 어둠에 다니지 아니하고 생명의 빛을 얻으리라(12절)고 말씀하신 아름다운 이야기가 이어집니다. 그분은 간음한 여인을 고발한 사람들의 양심에 하나님의 감찰하시는 빛을 비추심으로써 자신이 그런 분이라는 증거를 방금 주셨기 때문에 이 말씀은 그 상황에 매우 적절했습니다.

요한복음 9장에 나오는 내용은 방금 앞에 있었던 내용과 밀접하게 연결되어 있습니다. 여기서 그리스도께서는 태어날 때부터 소경이었던 사람을 다시 보게 하시면서, 이 사람의 어두워진 눈에 빛을 주시기 직전에 그 기회를 이용하여 다음과 같이 말씀하십니다.

내가 세상에 있는 동안에는 세상의 빛이로라(요 9:5)

이 기적의 이어지는 이야기에는 안타까운 면과 축복의 면이 모두 있습니다. 다시 눈을 뜨게 된 사람은 바리새인들에게 끌려갔고, 오랜 조사 끝에 바리새인들은 그가 자신을 고쳐준 사람을 담대하게 증언한 것을 이유로 그를 파문했습니다. 이어지는 내용입니다.

35예수께서 그들이 그 사람을 쫓아냈다 하는 말을 들으셨더니 그를 만나사 이르시되 네가 인자를 믿느냐 36대답하여 이르되 주여 그가 누구시오니이까 내가 믿고자 하나이다 37예수께서 이르시되 네가 그를 보았거니와 지금 너와 말하는 자가 그이니라(요 9:35-37)

이처럼 그리스도께서는 하나님께서 영혼 안에서 선한 일을 시작하시면 그 일이 완전해질 때까지 멈추지 않으신다는 사실을 은혜롭게 증거하셨습니다. 요한복음 9장은 그리스도를 대적하는 자들에 대한 가장 엄숙한 말씀으로 끝을 맺는데, 그 안에서 우리는 눈이 멀게 하시는 빛을 보게 됩니다:

예수께서 이르시되 내가 심판하러 이 세상에 왔으니 보지 못하는 자들은 보게 하고 보는 자들은 맹인이 되게 하려 함이라 하시니(요 9:39)

요한복음 10장은 그리스도께서 선한 목자로 계시된 장으로, 그분의 신성한 영광을 드러내는 많은 내용이 담겨 있습니다. 여기서 그리스도는 자신을 양떼의 주인이고 믿는 자들은 그 분께 속한 양입니다. 그들은 그분의 소유물이며 그분의 부드러운 돌보심의 대상입니다. 그들은 그분을 알고 있으며 그도 그들을 압니다. 그들은 그분의 음성을 따르며 낯선 사람의 목소리에는 귀를 기울이지 않습니다. 그 양들을 위해 그분은 목숨을 버리십니다. 그러나 주의 깊게 살펴보면 주님은 다음과 같이 말씀하십니다.

> 이를 내게서 빼앗는 자가 있는 것이 아니라 내가 스스로 버리노라 나는 버릴
> 권세도 있고 다시 얻을 권세도 있으니 이 계명은 내 아버지에게서
> 받았노라 하시니라(요 10:18)

단순히 사람이라면 이런 주장을 할 수 없었을 것입니다. 인간 선생도 제자들에게 이렇게 말할 수 없습니다.

> 내가 그들에게 영생을 주노니 영원히 멸망하지 아니할 것이요 또 그들을
> 내 손에서 빼앗을 자가 없느니라(요 10:28)

그분은 사람 이상이시며 성육신하신 성자 하나님이라는 사실은 구세주께서 여기서 이야기를 마무리하는 말씀, 즉 "나와 아버지는 하나이시다"(30절)라는 말씀에서 분명하게 확인됩니다.

요한복음 11장은 주님께서 이 땅에 계실 때 행하신 가장 놀라운 기적, 즉 나사로를 살리신 사건을 소개합니다. 나사로를 살리신 기적은 적절하게도 요한복음에만 기록되어 있습니다. 다른 복음서들은 죽은 지 얼마 안된, 야이로의 딸을 살리신 사건을 기록합니다. 누가는 또한 시신을 묘지

로 옮기는 중에 있었던 나인성의 과부의 아들을 살리셨다고 언급하지만, 요한만이 무덤에 나흘 동안 있었으며 이미 시신이 부패하기 시작한 나사로를 살리셨다고 기록하고 있습니다. 이러한 기적을 일으키신 것은 그리스도가 하나님의 아들이라는 것을 상징적으로 보여주었습니다. 여기서도 하나님의 말씀이 일하시는 것을 볼 수 있습니다. 야이로의 딸은 손을 잡으셨습니다. 과부의 아들에 대해서는 "관을 만지셨다"고 기록되어 있지만, 요한복음에서는 말씀만 하셨습니다. 먼저 사람들에게 무덤 입구에 놓인 돌을 치우라고 하셨고, 나사로에게 "나오라"고 외치셨습니다.

요한복음 12장은 주님의 공생애 사역을 마무리하는 장입니다. 이 장은 믿음으로 바라보는 모든 이들의 마음을 사로잡은 장면으로 시작됩니다. 예수께서는 베다니의 한 가정에서 깊은 감사로 만찬을 받고 계셨는데, 나사로도 손님 중 한 사람이었습니다. 식사가 끝난 후 마리아는 매우 값비싼 향유로 주님의 발에 기름을 붓고 자신의 머리털로 주님의 발을 닦았습니다. 이 사건에 대한 마태의 기록과 요한복음에 기록된 내용 사이의 차이점을 발견하는 것은 매우 놀랍습니다. 이 때에 나사로가 주님과 함께 식탁에 앉았다고 말해주는 사람은 요한뿐입니다. "마르다가 섬겼다"고 말하는 사람도 요한뿐입니다. 그리스도에 대한 사랑을 표현한 이 헌신적인 여인의 이름을 알려주는 사람도 요한뿐입니다. 요한복음에서 모든 것이 빛에 의해 드러납니다. 또한 마태복음에서는 여자가 향유를 "예수님의 머리에"(마 26:7) 부었다고 말하지만, 요한복음에서는 "예수님의 발에 기름을 부었다"(요 12:3)고 기록되어 있다는 점에 특히 주목하십시오. 두 기록은 모순되는 것이 아니라 상호보완적인 것입니다. 둘 다 사실이지만, 각 책의 주제에 부합하는 내용만 기록하도록 성령의 손길이 각 저자를 통제하는 것을 볼 수 있습니다. 마태복음에서는 우리 앞에 계신 분이 왕이시므로 머리에 기름부음을 받습니다. 하지만, 요한복음에서는 그 분은 하나님의 아들이시므로, 마리아는 그분의 발 아래에 앉아 있습니다.

요한복음 13장은 이전 장의 시작 부분과 극명한 대조를 이룹니다. 앞의 장에서는 주님의 발을 보았지만 여기서는 제자들의 발을 봅니다. 앞에서는 주님의 발에 기름을 부으시는 것을 보았지만, 여기서는 제자들의 발이 씻기는 것을 봅니다. 앞 장에서 그리스도의 발은 향기롭고 값비싼 향유로 기름 부음을 받았지만, 여기서는 제자들의 발이 물로 씻겨집니다. 앞에서는 주님의 발이 다른 사람에 의해 씻겨졌지만, 여기서는 제자들의 발이 다름 아닌 하나님의 아들 그 분에 의해 씻겨졌습니다. 그리고 예수님의 발에 기름부음이 제자들의 발을 씻기 전에 오는 것을 관찰하십시오. 이는 모든 일에서 주님은 탁월함을 가지셔야 하기 때문입니다. 여기에 얼마나 많은 대조적인 것이 드러나는 지요? 발은 걷는 것을 말합니다. 제자들의 발은 더럽혀져 있었기 때문에 그들의 걸음은 깨끗해져야 했습니다. 그러나 영광의 주님은 그렇지 않았습니다. 그분의 발걸음은 아버지께 달콤한 향기만 발산했습니다.

언뜻 보기에는 제자들의 발을 씻기는 이 하찮은 일을 요한이 기록했다는 것이 이상해 보입니다. 그러나 요한복음에 기록되어 있다는 사실 자체가 그 의미를 해석하는 데 가장 확실한 열쇠를 제공합니다. 이 행위 자체는 노예의 일반적인 의무를 수행하기 위해 몸을 낮추신 하나님의 아들의 놀라운 겸손을 드러낼 뿐입니다. 그러나 요한이 이 사건을 언급했다는 것은 그 행위에 영적인 의미가 있음을 나타냅니다. 그리고 실제로 그러합니다. 발은 걷는 것을 가리키고 물은 기록된 말씀의 상징입니다. 영적으로, 발을 씻기시는 행위는 그리스도께서 제자들의 걸음을 유지하여 거룩한 하나님과의 친교에 적합하지 않은 더러움을 제거하시는 것입니다. 여기서 "물로 씻어 말씀으로(엡 5:26)", 머리되신 분에 의해 깨끗하게 된 것은 그분의 교회 지체들이었습니다.

> 이는 곧 물로 씻어 말씀으로 깨끗하게 하사 거룩하게 하시고(엡 5:26)

그러므로 신성한 분이 아니면 누가 신자들의 행실을 깨끗하게 하고 아버지와의 교제를 유지할 수 있겠습니까? 그러므로 이것이 요한복음에 기록된 것은 아주 적절한 것입니다.

요한복음 13장의 나머지 부분과 16장 말미에는 주님의 "파스칼 담화(Pascal Discourse)"로 알려진 내용이 있습니다. 이 역시 요한복음 특유의 내용이며, 거의 모든 내용이 예수님의 신성한 영광을 드러내고 있습니다. 여기서 주님은 제자들에게 다음과 같이 말씀하십니다.

> 너희가 나를 선생이라 또는 주라 하니 너희 말이 옳도다 내가 그러하다
> (요 13:13)

여기서 그리스도께서는 십자가를 예상하시면서 다음과 같이 말씀하십니다.

> 그가 나간 후에 예수께서 이르시되 지금 인자가 영광을 받았고 하나님도 인자로
> 말미암아 영광을 받으셨도다(요 13:31)

여기서 주님은 자신의 백성을 위해 처소를 예비하기 위해 가신다고 말씀하십니다(요 14:2-3).

여기서 주님은 제자들에게 당신의 이름으로 기도하라고 초대하십니다(요 14:13)

여기서 주님은 다음과 같이 말씀하십니다.

평안을 너희에게 끼치노니 곧 나의 평안을 너희에게 주노라 내가 너희에게 주는
것은 세상이 주는 것과 같지 아니하니라 너희는 마음에 근심하지도 말고
두려워하지도 말라(요 14:27)

여기서 주님은 포도나무의 아름다운 모습 아래서 열매 맺는 것에 대해
많은 말씀을 하셨습니다. 여기서 주님은 "내가 아버지께로부터 너희에게
보낼 보혜사"(요 15:26)에 대해 말씀하십니다. 그리고 여기서 성령에 대해
다음과 같이 선언하십니다.

그가 내 영광을 나타내리니 내 것을 가지고 너희에게 알리시겠음이라(요 16:14)

요한복음 17장에는 그리스도의 대제사장적 기도로 알려진 내용이 있습
니다. 다른 복음서에는 이와 같은 기도가 없습니다. 그것은 우리에게 주님
께서 지금도 그 높은 곳에서 하시는 사역의 표본을 보여줍니다. 여기서 주
님께서 다음과 같이 기도하십니다.

예수께서 이 말씀을 하시고 눈을 들어 하늘을 우러러 이르시되 아버지여 때가
이르렀사오니 아들을 영화롭게 하사 아들로 아버지를 영화롭게 하게
하옵소서(요 17:1)

여기서 주님은 자신을 모든 육체를 다스리는 권세를 가지신 분으로 말
씀하십니다(2절). 여기서 주님은 유일하신 참 하나님과 불가분의 관계에
있습니다(3절). 여기서 주님은 자신에게 주어진 일을 "다 이루었다"고 (기
대의 표현으로) 말씀하십니다(4절). 여기서 주님은 다음과 같이 기도하십
니다.

아버지여 창세 전에 내가 아버지와 함께 가졌던 영화로써 지금도 아버지와 함께
나를 영화롭게 하옵소서(요 17:5)

여기서 주님은 자신의 사랑하는 백성을 위해 기도하십니다.

나는 세상에 더 있지 아니하오나 그들은 세상에 있사옵고 나는 아버지께로 가옵
나니 거룩하신 아버지여 내게 주신 아버지의 이름으로 그들을 보전하사 우리와
같이 그들도 하나가 되게 하옵소서(요 17:11)

주님이 아버지와 완전히 동등되심은 다음의 말씀에서 증거됩니다.

아버지여 내게 주신 자도 나 있는 곳에 나와 함께 있어 아버지께서 창세 전부터
나를 사랑하시므로 내게 주신 나의 영광을 그들로 보게 하시기를 원하옵나이다
(요 17:24)

나머지 장들은 다른 연관성에서 고려할 것이므로, 지금은 요한복음의
부분과 전체를 특징짓는 몇 가지 일반적인 특징에 주목하도록 넘어가겠
습니다.

I. 요한복음에서 생략된 것들

마가복음을 살펴보면서 우리는 마가가 주목하지 않은 것들에 대해 오
랫동안 살펴보았고, 그렇게 제외된 항목들이 그리스도에 대한 마가의 특
별한 묘사의 완전성을 드러내는 것을 보았습니다. 여기에서도 또한 비슷
한 연구를 더 길게 이어갈 수 있을 것 같습니다. 요한은 다른 세 복음서
에서 다루는 많은 내용을 자신의 특별한 주제와 관련이 없는 것으로 간주하

여 생략했습니다. 이 중 몇 가지 현저한 것들을 살펴보겠습니다.

1. 요한복음에는 요셉을 통한 법적인 계보나 마리아를 통한 개인적인 계보 모두에 대한 족보가 없습니다. 그분의 출생에 대한 기록도 없습니다. 대신, 우리가 보았듯이 그분은 "태초에" 계셨습니다. 비슷한 이유로 요한은 헤롯이 아기 그리스도를 죽이려고 시도한 일과 이집트로 도피한 일, 그리고 그 후 갈릴리로 돌아온 일에 대해 침묵합니다. 성전에서 성경박사들 가운데서 열두 살 소년이었던 예수님에 대해서는 아무 말도 하지 않습니다. 나사렛에서 보낸 세월에 대한 언급도 없습니다. 예수께서 공생애를 시작하기 전에 목수대에서 일하고 계셨던 예수님에 대한 힌트도 없습니다. 이 모든 것은 중요하지 않은 것으로 지나쳐 버립니다.

2. 요한복음에는 주님의 침례에 대한 설명이 없습니다. 마가는 예수께서 그의 길을 예비한 침례 요한으로부터 침례를 받으신 것을 언급하고 있으며, 마태복음과 누가복음은 각각 그에 수반되는 상황을 자세히 묘사하고 있습니다. 요한이 이에 대해 아무 말도 하지 않은 이유는 분명합니다. 침례를 받으실 때, 그리스도께서는 겸손한 은혜로 가난한 사람들과 함께 하셨고, 침례를 베푸는 요한에게 "우리가 이로써 모든 의를 이루게 되었다"(마 3:15)고 말씀하셨습니다.

3. 요한은 예수님이 받으신 시험과 유혹에 대해 언급이 없습니다. 여기서도 각각의 복음서 기자들이 자료를 선택할 때 인도하시는 성령의 놀라운 간섭을 관찰할 수 있습니다. 처음 세 복음서는 각각 그리스도께서 광야에서 사십 일 동안 마귀의 시험을 받으신 것에 대해 언급하고 있습니다. 그러나 요한은 이에 대해 침묵합니다. 그 이유는 무엇일까요? 요한은 그리스도를 하나님의 아들로 소개하고 있으며, "하나님은 시험에 들지 않으

시는 분"(약 1:13)이기 때문입니다.

4. 주님께서 변모하신 것에 대한 설명이 없습니다. 언뜻 보기에는 이상해 보이지만, 세부 사항에 조금만 주의를 기울이면 그 이유를 알 수 있습니다. 거룩한 산에서 세 제자가 목격한 놀라운 장면은 예수님의 신성한 영광을 드러낸 것이 아니라, 그분의 왕국에 강림하시는 인자의 장엄한 모습을 축소하여 표현한 것입니다(마 16:28 등 참조). 그러나 지상의 왕국은 요한복음의 범위에 속하지 않습니다. 여기서 가장 두드러진 것은 영적인 관계와 천상의 관계입니다.

5. 요한복음에는 사도에 대한 임명이 없습니다. 다른 복음서에서는 예수께서 열두 제자를 선택하시고 준비시키시고 보내시어 전파하고 치유사역을 하게 하시는 것을 볼 수 있습니다. 누가복음에서는 또한 칠십인의 제자를 파송하신 것을 볼 수 있습니다. 그러나 요한복음에서는 이 복음의 성격에 따라 모든 사역과 기적의 역사가 전적으로 하나님의 아들의 손에 맡겨져 있습니다.

6. 요한복음에서는 그리스도가 기도하는 모습은 단 한 번도 보이지 않습니다. 이것은 영어 번역본에서는 그리스어 원문에서처럼 명확하게 드러나지 않습니다. 요한복음에서는 간구하는 자를 의미하는 그리스도와 관련된 단어를 찾을 수 없습니다. 대신 "에로토스"라는 단어가 사용되며 이 단어는 동등한 사이에서의 "말하는 것"을 나타냅니다. 오천 명을 먹이신 기적 이후의 각 복음서의 기록을 비교해 보면 매우 인상적입니다.

> 무리를 보내신 후에 기도하러 따로 산에 올라가시니라 저물매 거기
> 혼자 계시더니(마 14:23)

무리를 작별하신 후에 기도하러 산으로 가시니라(막 6:46)

어떤 사람은 엘리야가 나타났다고도 하며 어떤 사람은 옛 선지자
한 사람이 다시 살아났다고도 함이라(눅 9:8)

그러나 요한복음에서는 예수께서 다시 홀로 산으로 떠나셨다(요 6:15)라는 구절이 나오는데, 요한은 거기서 멈춥니다.

그러므로 예수께서 그들이 와서 자기를 억지로 붙들어 임금으로 삼으려는 줄 아시고 다시 혼자 산으로 떠나 가시니라(요 6:15)

요한복음 17장의 내용은 위에서 방금 말한 내용과 모순되는 것처럼 보일 수 있지만 실제로는 그렇지 않습니다. 요한복음 17장 1절입니다.

예수께서 이 말씀을 하시고 눈을 들어 하늘을 우러러 이르시되 아버지여 때가 이르렀사오니 아들을 영화롭게 하사 아들로 아버지를 영화롭게 하게 하옵소서
(요 17:1)

17장을 마무리하시며, 주님은 다음과 같이 말씀하십니다.

아버지여 내게 주신 자도 나 있는 곳에 나와 함께 있어 아버지께서 창세 전부터 나를 사랑하시므로 내게 주신 나의 영광을 그들로 보게 하시기를 원하옵나이다
(요 17:24)

이렇게 주님은 아버지께 동등한 자격으로 말씀하셨습니다.

7. 요한복음에서는 "인자의 강림"에 대한 언급이 없으며, 같은 이유로 그분을 "다윗의 아들"로 언급하지 않습니다. 인자의 오심은 항상 그분이

이 땅에 다시 오셔서 지상의 백성에게 다시 오시는 것과 관련이 있습니다. 그러나 요한복음에서는 초점이 회복되는 이스라엘 땅이 아니라 아버지의 집과 그가 예비하시는 처소입니다.

¹너희는 마음에 근심하지 말라 하나님을 믿으니 또 나를 믿으라 ²내 아버지 집에 거할 곳이 많도다 그렇지 않으면 너희에게 일렀으리라 내가 너희를 위하여 처소를 예비하러 가노니 ³가서 너희를 위하여 처소를 예비하면 내가 다시 와서 너희를 내게로 영접하여 나 있는 곳에 너희도 있게 하리라(요 14:1-3)

8. 요한복음에서는 "회개하라"는 단어를 찾을 수 없습니다. 다른 복음서에서는 이 회개라는 단어는 자주 등장하는 용어인데, 요한복음에는 없는 이유는 무엇일까요? 다른 복음서에서는 죄인은 죄가 있고 따라서 회개가 필요한 것으로 간주됩니다. 그러나 요한복음에서는 죄인은 영적으로 죽은 것으로 간주되므로 하나님만이 주실 수 있는 생명이 절실히 필요합니다. 요한복음에서는 사람은 "거듭나야"(요 3:7) 하고, "소생되어야"(요 5:21) 하며, "아버지께 이끌림을 받아야"(요 6:44) 합니다.

9. 요한복음에는 "용서하다"라는 단어도 없습니다. 이 단어 역시 다른 복음서에서 자주 접하는 단어입니다. 그렇다면 왜 여기서 이 단어가 누락된 것일까요? 마태복음 9장 6절에서는 "인자가 땅에서 죄를 사하는 권세가 있나니"라고 말합니다. 인자로서 예수님은 용서하십니다. 마찬가지로 하나님의 아들로서 "영원한 생명"을 주십니다.

10. 요한복음에는 비유가 없습니다. 이것은 매우 주목할 만한 누락입니다. 그 열쇠는 마태복음 13장에 있습니다:

¹⁰제자들이 예수께 나아와 이르되 어찌하여 그들에게 비유로 말씀하시나이까 ¹¹

대답하여 이르시되 천국의 비밀을 아는 것이 너희에게는 허락되었으나 그들에게는 아니되었나니 ¹²무릇 있는 자는 받아 넉넉하게 되되 없는 자는 그 있는 것도 빼앗기리라 ¹³그러므로 내가 그들에게 비유로 말하는 것은 그들이 보아도 보지 못하며 들어도 듣지 못하며 깨닫지 못함이니라(마 13:10-13)

여기서 그리스도께서 왜 사역의 후반기에 비유로 가르치셨는 지에 대한 이유를 알 수 있습니다. 그것은 영적 분별력을 가진 사람들만이 이해할 수 있는 것을 그분을 배척한 사람들에게 감추기 위해서였습니다. 그러나 여기 요한복음에서 그리스도는 감추는 분이 아니라 드러내는 분이십니다. 즉, 하나님을 드러내시는 분이십니다. 주님께서 비유의 형태로 가르치신 것에 대한 근거가 그렇게 소수의 사람들에게만 알려져야 한다는 것은 개탄스러운 일입니다. 그리스도의 비유에 대한 일반적인 정의는 예수님의 비유가 하늘의 의미를 지닌 지상의 이야기라는 것입니다. 사람들은 진리를 아주 잘 거꾸로 뒤집어버립니다. 진실은 예수님의 비유는 이 땅의 의미를 가진 하늘의 이야기입니다. 이 땅의 사람들과 관련이 있으며, 지상과 연관됩니다.

예수께서 이 비유로 그들에게 말씀하셨으나 그들은 그가 하신 말씀이 무엇인지
알지 못하니라(요 10:6)

이것이 바로 요한복음에 비유가 없는 또 다른 이유입니다.

11. 요한복음에는 마귀에 대한 언급이 없습니다. 그 이유를 우리는 알 수 없습니다. 사탄에 대한 언급이 그리스도의 신성한 영광과 양립할 수 없기 때문에 요한복음에 언급이 없다고 말하는 것은 만족스럽지 못합니다. 왜냐하면 사탄은 여기에서 반복해서 참조되었습니다. 사실, 마귀가 "세상의 황태자"로 세 번 이상 언급 된 것은 요한복음 뿐이며, 유다 역시 멸망의

아들로서 다른 복음서보다 여기에서 더 두드러진 위치를 차지합니다. 요한복음에서 마귀가 제외된 이유를 독자 중 누구라도 알게 된다면 기꺼이 알려주시기 바랍니다.

12. 요한복음에는 그리스도의 승천에 대한 기록이 없습니다. 이것은 매우 놀라운 일이며, 암시적으로 주 예수의 신성을 분명하게 드러냅니다. 하나님의 아들로서 그분은 편재하셨기 때문에 승천하실 필요가 없었습니다. 하나님의 아들로서 그분은 하늘과 땅을 모두 채우십니다.

II. 요한복음의 긍정적인 특징들

1. 그리스도의 칭호들은 매우 중요합니다.

오직 요한복음에서만 예수님은 말씀으로 계시됩니다(요 1:1). 오직 여기서만 그분이 만물의 창조주라고 선언됩니다(요 1:3). 오직 여기서만 그분은 아버지의 독생자로 언급됩니다(요 1:14). 오직 여기서만 그분은 하나님의 어린 양으로 칭송받으셨습니다(요 1:29). 여기서만 그분은 위대한 스스로 존재하는 자로 계시되었습니다. 여호와께서 불타는 떨기나무에서 모세에게 나타나시어 애굽으로 내려가 바로에게 자신의 백성인 이스라엘의 석방을 요구하라고 명하셨을 때, 모세가 말하기를, "누가 나를 보내셨다고 하리이까?"라며 질문했습니다. 이에 하나님이 대답하셨습니다.

하나님이 모세에게 이르시되 나는 스스로 있는 자이니라 또 이르시되 너는 이스라엘 자손에게 이같이 이르기를 스스로 있는 자가 나를 너희에게 보내셨다 하라(출 3:14)

그리고 여기 요한복음에서 그리스도께서는 이 가장 신성한 신성의 칭호를 자신에게 적용하여 일곱 배의 충만함으로 채우십니다: "나는 생명의 떡이다"(6:35), "나는 세상의 빛이다"(9:5), "나는 문이다"(10:7), "나는 선한 목자이다"(10:11), "나는 부활이요 생명이니"(11:25), "나는 길이요 진리요 생명이니"(14:6), "나는 참 포도나무이다"(15:1).

2. 요한복음에서는 그리스도의 신성이 두드러지게 드러납니다. 그리스도께서 친히 그것을 분명히 확증하셨습니다:

진실로 진실로 너희에게 이르노니 죽은 자들이 하나님의 아들의 음성을 들을 때가 오나니 곧 이 때라 듣는 자는 살아나리라(요 5:25)

또한 말씀하십니다.

35예수께서 그들이 그 사람을 쫓아냈다 하는 말을 들으셨더니 그를 만나사 이르시되 네가 인자를 믿느냐 36대답하여 이르되 주여 그가 누구시오니까 내가 믿고자 하나이다 37예수께서 이르시되 네가 그를 보았거니와 지금 너와 말하는 자가 그이니라(요 9:35-37)

또한 말씀하십니다.

3이에 그 누이들이 예수께 사람을 보내어 이르되 주여 보시옵소서 사랑하시는 자가 병들었나이다 하니 4예수께서 들으시고 이르시되 이 병은 죽을 병이 아니라 하나님의 영광을 위함이요 하나님의 아들이 이로 말미암아 영광을 받게 하려 함이라 하시더라(요 11:3-4)

요한복음에서는 예수께서 하나님을 "내 아버지"라고 35번이나 말씀하십니다. 요한복음에서 주님은 "진실로, 진실로"(진리의, 진리에 대해)라고 25번 말씀하셨는데, 이렇게 강조된 형태는 다른 곳에서는 찾아볼 수 없습니다. 예수님 자신의 확증을 포함하여, 요한복음에서는 일곱 명의 다른 사람들이 그분의 신성을 고백합니다.

첫째, 침례 요한: "내가 이 사람이 하나님의 아들이심을 보고 기록하였노라"(1:34).

둘째, 나다니엘, "랍비여, 당신은 하나님의 아들이십니다"(1:49).

셋째, 베드로, "주는 그리스도시요 살아 계신 하나님의 아들이심을 우리가 믿고 확신하나이다"(6:69).

넷째, 주님 자신, "아버지께서 거룩하게 하사 세상에 보내신 자를 네가 모독하느냐 이는 내가 하나님의 아들이라 하였음이라"(10:36).

다섯째, 마르다, "마르다가 이르되 주여 주는 세상에 오실 하나님의 아들 그리스도이신 줄 내가 믿나이다"(11:27).

여섯째, 도마, "도마가 대답하여 이르되 나의 주여 나의 하나님이시여"(20:28).

일곱째, 요한복음의 저자, "이것을 기록함은 너희로 예수께서 하나님의 아들 그리스도이심을 믿게 하려 함이요 또 너희로 믿고 그 이름을 힘입어 생명을 얻게 하려 함이니라"(20:31).

3. 요한복음에는 주목할 만한 일련의 7과 관련된 것들이 있습니다.

요한복음에는 숫자 7이 아주 자주 발견되어서 놀랍고 또한, 이 숫자의 중요성을 기억하면 더욱 놀랍습니다. 7은 완전함의 수이며, 절대적인 완전함은 우리가 하나님 그 분까지 도달할 때까지 전까지는 발견할 수 없습니다. 그러므로 그리스도의 신성을 설명하는 요한복음에서 일곱이라는 숫자를 매번 우리를 만난다는 것은 얼마나 놀라운 일입니까? 일곱 사람의 다른 인격으로 고백되는 그리스도의 신성과, 숫자 일곱을 보았듯이, 그분은 형언할 수 없는 "나는 스스로 존재한다"라는 칭호를 채우십니다. 요한은 공생애 기간 동안 우리 주님이 행하신 일곱 가지 기적을 기록합니다. 더 이상도, 더 이하도 아닙니다. "내가 이것을 너희에게 말하였노라"라고 일곱 번 기록되어 있습니다. 그리스도께서는 우물가의 여인에게 일곱 번 말씀하셨습니다. 요한복음 6장에서 그리스도께서는 자신을 "생명의 떡"이라고 일곱 번 말씀하셨습니다. 선한 목자가 자신의 양을 위해 행하는 일곱 가지를 말씀하십니다. 요한복음 10장에서는 그리스도께서 양들에 대해 일곱 가지를 말씀하십니다. 그리스도께서는 자신에게 주어진 일이 성취되는 것과 관련한 "때"를 일곱 번 언급하셨습니다. 예수님은 제자들에게 "자신의 이름으로" 기도하라고 일곱 번 명령하셨습니다. 요한복음 15장에는 "미워하다"라는 단어가 일곱 번 나옵니다. 요한복음 16장 13, 14절에는 성령께서 신자들을 위해 행하시는 일곱 가지가 열거되어 있습니다.

¹³그러나 진리의 성령이 오시면 그가 너희를 모든 진리 가운데로 인도하시리니 그가 스스로 말하지 않고 오직 들은 것을 말하며 장래 일을 너희에게 알리시리라 ¹⁴ 그가 내 영광을 나타내리니 내 것을 가지고 너희에게 알리시겠음이라(요 16:13-14)

요한복음 17장에는 그리스도께서 신자들을 위해 아버지께 구하신 일곱 가지가 열거되어 있으며, 거기서 일곱 번 이상 그들을 아버지의 선물이라고 언급하십니다. 요한복음에서 그리스도께서는 오직 아버지의 말씀만을 말씀하셨다고 일곱 번 선언하십니다(7:16; 8:28; 8:47; 12:49; 14:10; 14:24; 17:8). 요한복음의 저자는 자신의 이름을 직접 언급하지 않고 자신을 일곱 번 언급합니다. 요한복음에는 사복음서에서 공통적으로 발견되는 일곱 가지 중요한 내용이 있습니다. 이와 같은 것을 더 계속할 수 있지만, 독자 스스로가 주의 깊게 살펴보면 다른 많은 예를 찾을 수 있습니다.

4. 예수님을 죽이려고한 사람들의 헛된 시도들

하나님의 그리스도는 사람들에게 멸시와 버림을 받으셨고, 이유 없이 미움을 받으셨을 뿐만 아니라, 그분의 원수들은 그분을 죽이기 위해서 끊임없이 노력했습니다. 이러한 특징들은 다른 저자들도 간략하게 언급하고 있지만, 그들의 노력이 왜 헛된 것이었는지 알려주는 사람은 요한이 유일합니다. 예를 들면 다음의 구절들입니다.

그들이 예수를 잡고자 하나 손을 대는 자가 없으니 이는 그의 때가 아직 이르지 아니하였음이러라(요 7:30)

이 말씀은 성전에서 가르치실 때에 헌금함 앞에서 하셨으나 잡는 사람이 없으니 이는 그의 때가 아직 이르지 아니하였음이러라(요 8:20)

요한복음의 이러한 성경 구절들은 요한복음의 특징에 따라 사물의 신성한 측면을 우리 앞에 말해줍니다. 성경은 이 땅의 사건들이 오직 하늘의 약속에 따라 일어난다는 것을 알려줍니다. 요한복음은 하나님께서 그분의 영원한 목적에 따라 그분의 뜻에 따라 모든 것을 일하신다는 것을 보여줍니다. 그 어떤 것도 우연에 맡겨지지 않고 하나님의 "때"가 되면 그분의 주권적인 뜻에 의해 결정된 것이 실행된다는 것을 가르쳐 주고 있습니다. 성경은 그분의 원수들조차도 전적으로 하나님의 즉각적인 통제하에 있으며 그분의 직접적인 허락 없이는 조금도 움직일 수 없다는 사실을 드러냅니다. 예수 그리스도는 성난 폭도들의 무력한 희생자가 아니었습니다. 그분은 고난을 자발적으로 감내하셨습니다. 적들이 그분을 향해 포효하고 원수된 사자들이 그분의 피를 갈망할지라도 그분의 동의 없이는 그 어떤 것도 할 수 없었습니다. 요한복음에서 우리는 다음과 같은 그분의 말

씀을 들을 수 있습니다:

¹⁷내가 내 목숨을 버리는 것은 그것을 내가 다시 얻기 위함이니 이로 말미암아 아
버지께서 나를 사랑하시느니라 ¹⁸이를 내게서 빼앗는 자가 있는 것이 아니라 내가
스스로 버리노라 나는 버릴 권세도 있고 다시 얻을 권세도 있으니 이 계명은 내
아버지에게서 받았노라 하시니라(요 10: 17-18)

예수께서 십자가에 매달려 계실 때, 원수들은 다음과 같이 말했습니다:

백성은 서서 구경하는데 관리들은 비웃어 이르되 저가 남을 구원하였으니 만일
하나님이 택하신 자 그리스도이면 자신도 구원할지어다 하고(눅 23:35)

그리고 그분은 그들의 도전을 받아들이셨습니다! 그분은 죽지않고 죽
음으로부터(from death)가 아니라, 죽으시고 나서 죽음에서 자신을 구원
하셨고, 십자가가 아니라 무덤에서 자신을 구원하셨습니다.

5. 요한복음의 목적과 범위

이에 대한 열쇠는 문 바로 아래에 걸려 있습니다. 요한복음의 첫 구절은
그리스도의 신성이 이 책의 특별한 주제임을 암시합니다. 요한복음의 내
용의 순서는 16장 28절에 정의되어 있습니다:

내가 아버지에게서 나와 세상에 왔고 다시 세상을 떠나 아버지께로
가노라 하시니(요 16:28)

(1) 내가 아버지로부터 왔다: 이 구절은 요한복음의 서론 부분의 머릿글

로 정할 수 있습니다. 요한복음 1장 1-18절 부분입니다.

(2) 내가 세상에 왔다: 이 구절은 요한복음 1장 19절부터 12장 말미까지 이어지는 첫 번째 본론 부분의 제목으로 삼을 수 있습니다.

(3) 다시 내가 세상을 떠난다: 이 구절은 요한복음 13장부터 17장까지를 포함하는 요한복음의 두 번째 본론의 제목으로 삼을 수 있는데, 여기서 주님은 세상과 떨어져 사랑하는 제자들과 홀로 계시는 모습을 볼 수 있습니다.

(4) 그리고 아버지께로 간다: 이 구절은 주님께서 아버지께로 돌아가실 것을 준비하는 마지막 장면을 보여주는 요한복음의 마지막 네 장의 제목으로 삼을 수 있습니다.

요한복음 20장의 마지막 구절은 이 복음의 목적을 말해 줍니다:

30예수께서 제자들 앞에서 이 책에 기록되지 아니한 다른 표적도 많이 행하셨으나 31오직 이것을 기록함은 너희로 예수께서 하나님의 아들 그리스도이심을 믿게 하려 함이요 또 너희로 믿고 그 이름을 힘입어 생명을 얻게 하려 함이니라(요 20:30-31)

그러므로 요한복음은 구원받지 못한 사람들에게 매우 적합한 책입니다. 그러나 이것이 요한복음의 범위를 제한하는 것이 아닙니다. 요한복음은 신자들에게도 똑같이 적합하게 쓰여졌습니다. 사실 요한복음 1장 16절에 "우리가 그분의 충만하심에서 모든 것을 받았으니 은혜에 은혜를 더하느니라"는 구절은 요한복음이 특별히 구원받은 자들을 위해 쓰여졌음을 암시합니다.

6. 예수님의 고난에 대한 기록은 놀랍습니다

요한복음에는 겟세마네에서 예수님의 고뇌를 엿볼 수 있는 장면이 없습니다. "할 수만 있다면 이 잔을 내게서 지나가게 하옵소서"라고 부르짖는 모습도 없고, 피땀을 흘리는 모습도 없고, 천사가 나타나 힘을 실어주는 모습도 없습니다. 요한복음에는 동산에서 제자들의 동행을 구하는 것도 없으며, 대신에 그분은 제자들이 그분의 보호가 필요한 것으로만 알고 계십니다(요 18:8 참조). 여기에는 시몬에게 십자가를 지라고 강요하는 내용이 없습니다. 여기에는 세 시간의 어둠에 대한 언급도 없으며, "나의 하나님, 나의 하나님, 어찌하여 나를 버리셨나이까?"라는 끔찍한 외침에 대한 언급도 없습니다. 여기에는 죽어가는 구세주를 조롱하는 관중들에 대한 언급이 없습니다. 십자가에서 내려오면, 그들이 믿을 것이라는 관원들의 모욕적인 도전에 대한 언급언급도 없습니다. 그리고 여기에는 예수께서 마지막 숨을 거두실 때 휘장이 찢어지는 장면에 대한 언급이 없습니다. 요한복음 전체에서 하나님이 드러나고 있습니다. 여기서는 휘장이 찢어질 필요가 없으니 얼마나 놀라운 일입니까! 요한은 부활 후 그분이 음식을 드신 것에 대해 아무 말도하지 않습니다. 하나님의 아들로서 그분은 음식이 필요하지 않았기 때문입니다!

7. 그리스도의 위엄과 위엄이 요한복음에서는 그의 낮아지심 가운데 드러납니다. 요한복음은 원수들이 동산에서 주님을 체포하러 왔을 때 주님께서 "너희가 누구를 찾느냐?"고 물으셨을 때 그들이 "나사렛 예수"라고 대답하자, 주님께서 "내가 곧 그로다"라고 말씀하시자 그들이 "뒤로 물러가 땅에 엎드러졌다"(요 18:6)고 설명해주는 유일한 사람입니다.

> 예수께서 그들에게 내가 그니라 하실 때에 그들이 물러가서 땅에
> 엎드러지는지라(요 18:6)

이것은 그분의 신성을 잘 보여주는 장면입니다! 주님은 원하셨다면 그러한 모욕에서 쉽게 벗어나실 수 있었습니다. 요한은 유일하게 주님의 옷이 찢어지지 않았다고 말한 유일한 사람입니다(요 19:24).

> 군인들이 서로 말하되 이것을 찢지 말고 누가 얻나 제비 뽑자 하니 이는 성경에 그들이 내 옷을 나누고 내 옷을 제비 뽑나이다 한 것을 응하게 하려 함이러라 군인들은 이런 일을 하고(요 19:24)

요한은 예수께서 얼마나 온전히 자신을 주장하고 계셨는 지 유일하게 보여줍니다.

> 그 후에 예수께서 모든 일이 이미 이루어진 줄 아시고 성경을 응하게 하려 하사
> 이르시되 내가 목마르다 하시니(요 19:28)

그분의 정신은 흐려지지 않았고 기억력도 손상되지 않았습니다. 모든 고난이 끝날 무렵에도 메시아 예언의 전체 계획이 그분 앞에 선명하게 드러났습니다. 요한은 사복음서 기자 중 유일하게 구세주의 승리의 외침인, "다 이루었다"(요 19:30)를 기록했습니다. 또한 주님께서 숨을 거두신 후 군인들의 그 분의 다리를 꺽지 아니하였다고 말한 사람도 요한이 유일합니다(요 19:33). 요한은 무덤을 향한 제자들의 사랑의 경주를 우리에게 알려주는 유일한 사람입니다(요 20:3,4).

> 3베드로와 그 다른 제자가 나가서 무덤으로 갈새 4둘이 같이 달음질하더니 그 다른 제자가 베드로보다 더 빨리 달려가서 먼저 무덤에 이르러(요 20:3-4)

그리고 부활하신 예수께서 제자들에게 숨을 불어넣으시고 너희는 성령을 받으라(요 20:22)고 말씀하셨다고 말한 사람은 요한뿐입니다. 요한복음의 마지막 구절은 이 복음의 성격과 범위에 완벽하게 부합합니다. 여기에서 유일하게 다음과 같이 기록합니다.

예수께서 행하신 일이 이 외에도 많으니 만일 낱낱이 기록된다면 이 세상이라도 이 기록된 책을 두기에 부족할 줄 아노라(요 21:25)

이에, 여기서 들리는 마지막 음은 무한대의 음입니다.

제5장
결론

사복음서를 다소 간략하게 살펴보면서 각 복음서에서 특징적인 것을 독자들에게 제시하고, 다른 복음서 기자들이 우리 주님과 구세주를 바라보는 다양한 연관성을 지적하는 것이 필자가 의도한 바였습니다. 마태는 왕으로, 마가는 종으로, 누가복음은 인자로, 요한복음은 하나님의 아들로 주님을 바라보면서, 각 복음서가 뚜렷한 관계 속에서 그분을 묵상하고 있음이 분명합니다. 그러나 각 복음서의 기자는 주 예수님을 다른 복음서들과는 완전히 다른 관점에서 묘사하지만, 나머지 세 복음서에서 발견되는 것을 완전히 배제하지는 않습니다. 하나님께서는 성경이 이방 언어로 번역되는 경우, 성경 전체 또는 신약성경 전체가 여러 민족에게 전해지기 전에 종종 하나의 복음만 먼저 번역되는 것을 아셨기 때문에 성령께서는 각 복음서가 그분의 아들의 다양한 영광을 어느 정도 완전하게 묘사하도록 하셨습니다. 다시 말해, 성령님은 각 복음서 기자로 하여금 다른 복음서에서 발견되는 다양한 진리의 줄기를 자신의 복음서에서 결합하게 하셨지만, 그것들을 각 복음서 기자가 쓰는 중심적이고 특유한 것에 종속되게 하셨습니다.

마태가 예수님을 묘사하는 데 있어 가장 두드러진 특징은 그분을 다윗의 아들, 이스라엘 왕좌의 상속자, 메시아이자 유대인의 왕으로 묘사하는 것입니다. 그러나 이것이 마태복음의 두드러진 특징이지만, 그럼에도 불구하고 마태복음을 주의 깊게 연구하면 그리스도께서 가지신 다른 직분들의 흔적을 발견할 수 있습니다. 마태복음에서도 주님의 종의 성품은 부수적인 방식으로 드러납니다. 세베대의 아들들이 주님의 나라에서 주님의 오른편과 왼편에 앉게 해 달라고 간청했을 때, 다른 열 사도들이 그들에게 분개하여 격동했을 때, 주님은 다음과 같이 말씀하셨습니다.

25예수께서 제자들을 불러다가 이르시되 이방인의 집권자들이 그들을 임의로 주관하고 그 고관들이 그들에게 권세를 부리는 줄을 너희가 알거니와 26너희 중에는 그렇지 않아야 하나니 너희 중에 누구든지 크고자 하는 자는 너희를 섬기는 자가 되고 27너희 중에 누구든지 으뜸이 되고자 하는 자는 너희의 종이 되어야 하리라 28인자가 온 것은 섬김을 받으려 함이 아니라 도리어 섬기려 하고 자기 목숨을 많은 사람의 대속물로 주려 함이니라(마 20:25-28)

그리고 마태복음에서 우리는 주님께서 열두 제자를 보내실 때 다음과 같이 경고하신 것을 알 수 있습니다.

24제자가 그 선생보다, 또는 종이 그 상전보다 높지 못하나니 25제자가 그 선생 같고 종이 그 상전 같으면 족하도다 집 주인을 바알세불이라 하였거든 하물며 그 집 사람들이랴(마 10:24, 25)

마태복음은 또한 주님께서 인자로 취하신 비천한 곳을 우리에게 숨기지 않습니다.

예수께서 이르시되 여우도 굴이 있고 공중의 새도 거처가 있으되 인자는
머리 둘 곳이 없다 하시더라(마 8:20)

마태복음에서 세금을 받은 사람들이 베드로에게 와서 "네 주인이 세금을 바치느냐?"고 물었다고 합니다. 이에 주님은 그 제자에게 다음과 같이 말씀하십니다.

25이르되 내신다 하고 집에 들어가니 예수께서 먼저 이르시되 시몬아 네 생각은 어떠하냐 세상 임금들이 누구에게 관세와 국세를 받느냐 자기 아들에게냐 타인에게냐 26베드로가 이르되 타인에게니이다 예수께서 이르시되 그렇다면 아들들은 세를 면하리라 27그러나 우리가 그들이 실족하지 않게 하기 위하여 네가 바다에 가서 낚시를 던져 먼저 오르는 고기를 가져 입을 열면 돈 한 세겔을 얻을 것이니 가져다가 나와 너를 위하여 주라 하시니라(마 17:25-27)

마태복음에서도 그리스도의 신성한 영광이 빛을 발합니다.

보라 처녀가 잉태하여 아들을 낳을 것이요 그의 이름은 임마누엘이라 하리라 하셨으니 이를 번역한즉 하나님이 우리와 함께 계시다 함이라(마 1:23)

그리고 바로 마태복음에 "주는 그리스도시요 살아 계신 하나님의 아들이시니이다"(마 16:16)라는 베드로의 유명한 고백이 가장 온전하게 기록되어 있습니다.

마가복음의 중심 목적은 그리스도를 하나님의 완전하신 종으로 제시하는 것이지만, 여기저기서 여호와의 종이 다른 더 높은 영광을 소유했음을 암시합니다.마가복음은 마태복음과 누가복음과 마찬가지로 거룩한 산에서의 변모(막 9:2)를 기록하고 있으며, 마가는 또한 예루살렘으로의 승리의 입성(막 11:7-10)에 대해 이야기합니다. 여기서 대제사장이 예수님께 "당신이 그리스도냐?"라고 물었을 때 예수께서는 "내가 그러하니라 인자가 권능의 우편에 앉아 하늘 구름을 타고 오는 것을 너희가 보리라"(14:62)고 대답하셨다는 사실을 알 수 있습니다. 이렇게 예수님은 자신의 메시아적 영광과 왕적 영광을 증거하셨습니다.

마가는 또한 마가복음의 첫 구절에서 예수 그리스도가 "하나님의 아들"이심을 조심스럽게 말하면서, 무덤에서 귀신 들린 사람이 "지극히 높으신 하나님의 아들 예수여 내가 주와 무슨 상관이 있나이까?"(막 5:7)라고 외쳤다는 사실을 알려줍니다. 이러한 것들은 마가복음에서 중심이 되는 것을 손상시키지 않고 "종의 형체를 취하신" 예수님의 신성한 영광을 보호합니다.

누가는 구세주의 인성을 묘사하고, 그분을 사람의 아들로 묘사하며, 그분이 취하신 낮은 자리를 우리에게 보여줍니다. 그러나 이것이 누가복음의 중심 주제이기는 하지만, 누가복음에서는 그분의 더 높은 영광에 대해서도 언급하고 있습니다. 누가복음에서 우리는 예수께서 사람들에게 "솔로몬보다 더 큰 이가 여기 있나 보라"(눅 11:31)고 말씀하신 것을 볼 수 있으며, "다윗의 아들"(눅 18:38)로 불리신 분도 누가복음에서 발견할 수 있습니다. 누가는 또한 주님의 변화산의 변모와 예루살렘 입성을 언급합니다.

누가복음은 예수께서 사람 그 이상이라는 사실을 드러냅니다. 천사가 마리아에게 "네게서 나실 바 거룩한 이는 하나님의 아들이라 일컬으리라"(눅 1:35)고 말씀하셨고, 귀신 들린 사람이 "지극히 높으신 하나님의 아들 예수여 우리가 주와 무슨 상관이 있나이까?"(눅 8:28)라고 외치는 장면도 누가복음에서 읽을 수 있습니다.

요한복음도 마찬가지입니다. 요한복음의 두드러진 특징은 그리스도의 신성에 대한 설명이지만, 요한복음을 주의 깊게 읽으면 그분의 왕권과 인간으로 낮추신 비천함도 드러납니다. 안드레가 그의 형제 시몬에게 다음과 같이 말한 곳도 바로 여기 요한복음입니다.

그가 먼저 자기의 형제 시몬을 찾아 말하되 우리가 메시야를 만났다 하고(요 1:41)

바로 요한복음에서 나다니엘은 주님을 "이스라엘의 왕"(요 1:49)이라고 부릅니다. 요한복음에서 우리는 사마리아 사람들이 회심한 간음한 여인에게 말하는 내용을 볼 수 있습니다.

그 여자에게 말하되 이제 우리가 믿는 것은 네 말로 인함이 아니니 이는 우리가 친히 듣고 그가 참으로 세상의 구주신 줄 앎이라 하였더라(요 4:42)

또한 예루살렘에 입성할 때 백성들이 다음과 같이 외쳤다는 사실도 요한복음에서 알 수 있습니다.

종려나무 가지를 가지고 맞으러 나가 외치되 호산나 찬송하리로다 주의 이름으로 오시는 이 곧 이스라엘의 왕이시여 하더라(요 12:13)

이와 마찬가지로 요한복음에서도 주님의 낮아지심에 대한 예들을 볼 수 있습니다.

거기 또 야곱의 우물이 있더라 예수께서 길 가시다가 피곤하여 우물 곁에 그대로 앉으시니 때가 여섯 시쯤 되었더라(요 4:6)

53다 각각 집으로 돌아가고 1예수는 감람 산으로 가시니라 (요 7:53-8:1)

모든 사람은 밤에 돌아갈 자기 집이 있었지만 아버지의 사랑하는 독생자이신 그 분은 이곳에서 집없는 나그네였습니다. 요한은 또한 다음을 이야기해줍니다.

> 22예루살렘에 수전절이 이르니 때는 겨울이라 23예수께서 성전 안 솔로몬 행각에서 거니시니(요 10:22-23)

또한 요한은 완전한 분이신 주님께서 과부가 된 어머니를 부양하고 사랑하는 제자와 함께 살 집을 마련해 주시는 모습을 보여 줍니다(요 19:26, 27).

이제 이 책의 중심적인 목적으로 돌아가서, 네 복음서 모두에서 발견되는 두세 가지 사건을 살펴보고 주의 깊게 비교하면 각 복음서에서 특징적이고 독특한 설명을 살펴보고자 합니다. 먼저 각 복음서에서 침례 요한에 대해 언급하는 내용을 살펴봅시다. 마태복음에서만 침례 요한이 "회개하라 천국이 가까웠느니라"(마 3:3)고 외쳤습니다. 왜냐하면, 마태는 예수를 이스라엘의 왕이자 메시아로 소개한 사람이기 때문입니다. 마가는 침례 요한으로부터 침례를 받은 사람들이 "죄를 자백했다"(1:5)고 유일하게 언급하는 데, 이는 마가복음의 사역적 성격과 일치합니다.

인간관계에 초점을 맞춘 누가는 요단강으로 침례를 받으러 온 다양한 계층의 사람들을 자세히 묘사한 유일한 사람이며, 침례 요한의 혈통(1장)에 대해 알려주는 유일한 기자입니다. 요한은 이 모든 것을 상당히 생략하고 있는데, 그 이유는 요한복음에서 강조되는 분은 침례자가 아니라 그 앞에 선구자를 보내신 이이기 때문입니다. 요한복음에서만 침례 요한이 "빛을 증거하러 왔다"(요 1:7)라고 말합니다. 그리스도는 침례 요한보다 먼저 존재했습니다(요 1:15). 하지만 주님은 요한보다 3개월 후에 태어나셨습니다. 하지만, 침례 요한은 그리스도가 하나님의 어린 양(요 1:29)이자 하나님의 아들(요 1:34)이심을 증거했다는 사실만 언급되어 있을 뿐입니다. 이 번에는 오천 명을 먹이신 일, 특히 이 기적이 소개되는 방식에 대해 각 복음서 기자가 말한 내용에 주목해 봅시다. 마태는 다음과 같이 말합니다.

14예수께서 나오사 큰 무리를 보시고 불쌍히 여기사 그 중에 있는 병자를 고쳐 주시니라 15저녁이 되매 제자들이 나아와 이르되 이 곳은 빈 들이요 때도 이미 저물 었으니 무리를 보내어 마을에 들어가 먹을 것을 사 먹게 하소서 16예수께서 이르 시되 갈 것 없다 너희가 먹을 것을 주라(마 14:14-16)

마태는 이 기적에 대한 설명에 앞서 그리스도께서 "병자를 고치셨다"고 말하는데, 이는 메시아의 표적 중 하나이기 때문입니다. 마가는 다음과 같 이 말합니다.

34예수께서 나오사 큰 무리를 보시고 그 목자 없는 양 같음으로 인하여 불쌍히 여기사 이에 여러 가지로 가르치시더라 35때가 저물어가매 제자들이 예수께 나아와 여짜오되 이 곳은 빈 들이요 날도 저물어가니 36무리를 보내어 두루 촌과 마을로 가서 무엇을 사 먹게 하옵소서 37대답하여 이르시되 너희가 먹을 것을 주라 하시 니 여짜오되 우리가 가서 이백 데나리온의 떡을 사다 먹이리이까(막 6:34-37)

마가는 병자를 고치신 것을 언급하는 대신, 예수께서 목자 없는 양과 같은 백성들을 불쌍히 여기셨다고 말함으로써 아름다운 사역의 손길을 그림에 담아내고, 하나님의 완전하신 종이 그들에게 많은 것을 가르치기 시작하여 하나님의 말씀으로 어떻게 섬기셨는 지를 말해줍니다. 누가는 다음과 같이 말합니다.

11무리가 알고 따라왔거늘 예수께서 그들을 영접하사 하나님 나라의 일을 이야기 하시며 병 고칠 자들은 고치시더라 12날이 저물어 가매 열두 사도가 나아와 여짜 오되 무리를 보내어 두루 마을과 촌으로 가서 유하며 먹을 것을 얻게 하소서 우 리가 있는 여기는 빈 들이니이다 13예수께서 이르시되 너희가 먹을 것을 주라 하시니 여짜오되 우리에게 떡 다섯 개와 물고기 두 마리밖에 없으니 이 모든 사람을 위하여 먹을 것을 사지 아니하고서는 할 수 없사옵나이다 하니(눅 9:11-13)

누가복음에서는 인간의 동정심과 인간의 필요가 드러나는데, 누가는 메시아적 표징이 아니라 치유가 필요한 사람들을 위대한 의사가 고쳐주시는 것으로 제시하고 있기 때문입니다. 또한 요한은 이 기적을 소개하는 방식이 얼마나 완전히 다른지 관찰해 보십시오. 요한은 치유의 메시아적 표징에 대해, 하나님의 종이 사람들을 가르치는것에 대해, 인자가 병자들의 필요를 돌보는 것에 대해서는 아무것도 말하지 않습니다. 대신에 다음과 같이 말합니다.

5예수께서 눈을 들어 큰 무리가 자기에게로 오는 것을 보시고 빌립에게 이르시되 우리가 어디서 떡을 사서 이 사람들을 먹이겠느냐 하시니 6이렇게 말씀하심은 친히 어떻게 하실지를 아시고 빌립을 시험하고자 하심이라(요 6:5-6)

이처럼 요한복음은 그리스도의 전능하심을 드러냄으로써 그리스도의 신성을 다시 한 번 드러냅니다. 동일하거나 유사한 사건을 기록할 때 사복음서 기자가 각기 다른 특징적인 차이점을 보여주는 또 다른 예로, 예수께서 만난 안식일 비판을 살펴보도록 하겠습니다. 사복음서 각각은 그리스도께서 유대인들로부터 안식일을 범하여 장로들의 전통을 어겼다는 이유로 정죄를 받으신 것에 대해 언급하고 있으며, 각 복음서는 반대자들에게 하신 대답과 자신을 변호하기 위해 예수께서 사용하신 논거를 우리에게 알려줍니다. 마태복음 12장 2, 3절입니다:

2바리새인들이 보고 예수께 말하되 보시오 당신의 제자들이 안식일에 하지 못할 일을 하나이다 3예수께서 이르시되 다윗이 자기와 그 함께 한 자들이 시장할 때에 한 일을 읽지 못하였느냐(마 12:2-3)

이에 대해 주님은 바리새인들에게 다윗이 굶주렸을 때 하나님의 집에 들어가 진설병을 먹고 함께 있던 사람들과도 나누어 먹었던 것을 상기시키며 대답하셨습니다. 그런 다음 예수님은 계속해서 말씀하셨습니다.

5또 안식일에 제사장들이 성전 안에서 안식을 범하여도 죄가 없음을 너희가 율법에서 읽지 못하였느냐 6내가 너희에게 이르노니 성전보다 더 큰 이가 여기 있느니라(마 12:5-6)

마가복음도 동일한 사건을 언급하며, 예수께서 이 사건에 대해 하신 대답의 일부를 기록하고 있지만(막 2:23-28 참조), "성전보다 크시다"는 주님의 말씀을 생략한 것은 매우 놀라운 일입니다. 누가복음에는 다른 곳에서는 찾아볼 수 없는 기적이 기록되어 있는데, 바로 18년 동안 병든 여인을 고치신 사건입니다(눅 13:11-13). 이와 관련해서 다음과 같이 기록되어 있습니다.

회당장이 예수께서 안식일에 병 고치시는 것을 분 내어 무리에게 이르되 일할 날이 엿새가 있으니 그 동안에 와서 고침을 받을 것이요 안식일에는 하지말 것이니라 하거늘(눅 13:14)

그러나 이 경우에 그리스도께서는 자신을 변호하기 위해 누가복음의 범위와 완전히 일치하는 논증을 사용하신 것을 발견합니다.

15주께서 대답하여 이르시되 외식하는 자들아 너희가 각각 안식일에 자기의 소나 나귀를 외양간에서 풀어내어 이끌고 가서 물을 먹이지 아니하느냐 16그러면 열여덟 해 동안 사탄에게 매인 바 된 이 아브라함의 딸을 안식일에 이 매임에서 푸는 것이 합당하지 아니하냐(눅 13:15-16)

여기서의 주장은 구약 성경이나 그분 자신의 위대함이 아니라 인간의 동정심에 호소하는 것이었습니다. 요한은 다른 사람들이 언급하지 않은

또 다른 기적을 기록하는데, 여기에서도 주님은 원수들로부터 비슷한 책
망을 받으셨습니다. 그러나 여기서 예수께서는 비판자들에게 대답하실
때, 다른 복음서 기자들이 다른 경우에 사용했던 것과는 전혀 다른 논거를
사용하여 자신을 변호하셨습니다.

> 예수께서 그들에게 이르시되 내 아버지께서 이제까지 일하시니
> 나도 일한다 하시매(요 5:17)

따라서 우리는 각 사복음서 기자가 기록할 내용을 결정하는 선택의 원
칙을 다시 볼 수 있습니다. 한 가지 예가 더 있으면 충분합니다. 동산에서
예수께서 잡히시는 사건에 대해 각 복음서가 말하는 것을 관찰해 봅시다.
마태복음입니다:

47말씀하실 때에 열둘 중의 하나인 유다가 왔는데 대제사장들과 백성의 장로들에
게서 파송된 큰 무리가 칼과 몽치를 가지고 그와 함께 하였더라 48예수를 파는 자
가 그들에게 군호를 짜 이르되 내가 입맞추는 자가 그이니 그를 잡으라 한지라 49
곧 예수께 나아와 랍비여 안녕하시옵니까 하고 입을 맞추니 50예수께서 이르시되
친구여 네가 무엇을 하려고 왔는지 행하라 하신대 이에 그들이 나아와 예수께 손
을 대어 잡는지라 51예수와 함께 있던 자 중의 하나가 손을 펴 칼을 빼어 대제사장
의 종을 쳐 그 귀를 떨어뜨리니 52이에 예수께서 이르시되 네 칼을 도로 칼집에 꽂
으라 칼을 가지는 자는 다 칼로 망하느니라 53너는 내가 내 아버지께 구하여 지금
열두 군단 더 되는 천사를 보내시게 할 수 없는 줄로 아느냐 54내가 만일 그렇게
하면 이런 일이 있으리라 한 성경이 어떻게 이루어지겠느냐 하시더라(마 26:47-
54)

마가는 다음과 같이 말합니다:

43예수께서 말씀하실 때에 곧 열둘 중의 하나인 유다가 왔는데 대제사장들과 서
기관들과 장로들에게서 파송된 무리가 검과 몽치를 가지고 그와 함께 하였더라

44예수를 파는 자가 이미 그들과 군호를 짜 이르되 내가 입맞추는 자가 그이니 그를 잡아 단단히 끌어 가라 하였는지라 45이에 와서 곧 예수께 나아와 랍비여 하고 입을 맞추니 46그들이 예수께 손을 대어 잡거늘 47곁에 서 있는 자 중의 한 사람이 칼을 빼어 대제사장의 종을 쳐 그 귀를 떨어뜨리니라 48예수께서 무리에게 말씀하여 이르시되 너희가 강도를 잡는 것 같이 검과 몽치를 가지고 나를 잡으러 나왔느냐 49내가 날마다 너희와 함께 성전에 있으면서 가르쳤으되 너희가 나를 잡지 아니하였도다 그러나 이는 성경을 이루려 함이니라 하시더라(막 14:43-49)

마가는 그리스도께서 배신자를 "친구"(시 41:9-메시아 예언 참조)라고 불렀다는 사실을 생략했으며, 열두 군단의 천사를 아버지께 요청할 권리에 대해서도 언급하지 않았습니다. 다음은 누가복음입니다:

47말씀하실 때에 한 무리가 오는데 열둘 중의 하나인 유다라 하는 자가 그들을 앞장서 와서 48예수께 입을 맞추려고 가까이 하는지라 예수께서 이르시되 유다야 네가 입맞춤으로 인자를 파느냐 하시니 49그의 주위 사람들이 그 된 일을 보고 여짜오되 주여 우리가 칼로 치리이까 하고 50그 중의 한 사람이 대제사장의 종을 쳐 그 오른쪽 귀를 떨어뜨린지라 51예수께서 일러 이르시되 이것까지 참으라 하시고 그 귀를 만져 낫게 하시더라 52예수께서 그 잡으러 온 대제사장들과 성전의 경비대장들과 장로들에게 이르시되 너희가 강도를 잡는 것 같이 검과 몽치를 가지고 나왔느냐 53내가 날마다 너희와 함께 성전에 있을 때에 내게 손을 대지 아니하였도다 그러나 이제는 너희 때요 어둠의 권세로다 하시더라(눅 22:47-53)

누가는 그리스도께서 대제사장의 종의 귀를 고치신 이야기를 들려주면서 유다를 향한 그리스도의 감동적인 질문을 기록한 유일한 사람입니다. 요한의 기록은 완전히 다릅니다. 요한복음 18장 3절입니다:

유다가 군대와 대제사장들과 바리새인들에게서 얻은 아랫사람들을 데리고 등과 횃불과 무기를 가지고 그리로 오는지라(요 18:3)

하지만 요한복음에는 아래의 구절이 추가되었습니다.

⁴예수께서 그 당할 일을 다 아시고 나아가 이르시되 너희가 누구를 찾느냐 ⁵대답하되 나사렛 예수라 하거늘 이르시되 내가 그니라 하시니라 그를 파는 유다도 그들과 함께 섰더라 ⁶예수께서 그들에게 내가 그니라 하실 때에 그들이 물러가서 땅에 엎드러지는지라 ⁷이에 다시 누구를 찾느냐고 물으신대 그들이 말하되 나사렛 예수라 하거늘 ⁸예수께서 대답하시되 너희에게 내가 그니라 하였으니 나를 찾거든 이 사람들이 가는 것은 용납하라 하시니 ⁹이는 아버지께서 내게 주신 자 중에서 하나도 잃지 아니하였사옵나이다 하신 말씀을 응하게 하려 함이러라(요 18:4-9)

그리고 요한복음에만 주님께서 제사장의 종의 귀를 자른 제자에게 하신 말씀이 기록되어 있습니다.

예수께서 베드로더러 이르시되 칼을 칼집에 꽂으라 아버지께서 주신 잔을 내가 마시지 아니하겠느냐 하시니라(요 18:11)

마지막으로, 필자는 다른 사람들이 종종 주목하는 복음서의 또 다른 특징, 즉 각 복음서의 마지막 부분에서 발견되는 것을 살펴보고자 합니다. 눈에 띄는 순서가 관찰됩니다. 마태복음의 마지막 부분에서 그리스도의 부활이 있습니다(마 28:1-8). 마가복음의 마지막에는 그리스도의 승천(막 16:19)이 있습니다. 누가복음의 성령님의 강림에 대해 말합니다(눅 24:49). 요한복음의 마지막에는 그리스도의 재림에 대한 언급이 있습니다(요 21:21-23).

그분이 다시 오셔서 우리를 그분께로 영접하실 그날이 곧 밝아오기를 바라며, 아직 얼마 남지 않은 기간 동안 우리가 그분의 말씀을 더욱 부지런히 연구하고 그 교훈에 더욱 주의 깊게 순종하기를 바랍니다.

도디드 아디핑크 시리즈

아더핑크의성화론

The Doctrine of Sanctification

신국판: 332면

아더핑크가 무려 25년동안 심혈을
기울인저작, 기독교 신앙의 핵심

가격: 15,000원

아더 핑크시리즈 제1권

아더핑크의적그리스도

The AntiChrist

신국판: 405면

아더핑크가 13년 동안이나 연구하
며 풀어낸 성경속 적그리스도의
정체. 그리스도를 대적하며 그리
스도를 가장하는 적그리스도, The
AntiChrist

가격: 18,000원

아더 핑크 시리즈 제2권